CAPACITACION POR RESULTADOS

Conceptos Multidisciplinarios de Economía,
Marketing, Administración y Educación
para evaluar programas de entrenamiento
Presentación de casos

FABIÁN CAMIONSCHU

2ª Edición

nobuko

Diseño de tapa y armado digital: Florencia Turek

Hecho el depósito que marca la ley 11.723

Reg. Propiedad Intelectual N° 216011

© 2003 nobuko

ISBN 987-1135-38-6

Abril 2004

A: Mónica y a Nora

Cuando el mundo estaba en peligro, un famoso sabio se dirigía a un lugar en el bosque, encendía un fuego, recitaba una plegaria, y el mundo se salvaba.

Su discípulo, cuando el mundo volvía a estar en peligro, se dirigía al lugar en el bosque y encendía el fuego, y el mundo otra vez se salvaba.

El discípulo de este, al nuevamente estar en peligro el mundo, se dirigía al lugar en el bosque, y aún así el mundo igualmente se salvaba.

El último de los discípulos, al estar una vez mas el mundo en peligro, encerrado en su oscuro cuarto, con el rostro entre la manos, decía:

"no sé recitar la plegaria, ni sé encender el fuego, ni tampoco sé dónde queda el lugar en el bosque, pero sé contar esta historia"

Y el mundo volvió a ser salvado.

Versión de un Cuento Jasídico, Europa del Este, siglo XVIII.

PROLOGO

La capacitación, como motivo de reflexión profesional, ha sufrido modificaciones de gran profundidad, avanzando, por un lado, hacia el concepto de aprendizaje colectivo y, por otro lado, a un creciente alineamiento con el negocio de la compañía, llevándonos al marco del conocimiento que se construye como insumo clave de la vida organizacional.

Por otra parte, hemos ido descubriendo que el aprendizaje es un fenómeno permanente en la práctica de las empresas, siendo la capacitación, como actividad deliberada y planeada, un recorte de ese aprendizaje, que, de cualquier manera, avanza hacia la idea-fuerza de creación de conocimiento, más que de recepción más bien pasiva de nuevos conceptos.

Otro foco que manifiesta un crecimiento particularmente importante es el de la preocupación por la tranferencia de lo aprendido a la tarea, ya no se valora la capacitación en términos de las "situaciones de aula" que se generen o de las horas-hombre de capacitación que la estadística mensual refleja; el esfuerzo tiende a centrarse, hoy, en la conexión entre el contexto de aprendizaje y el contexto de la tarea, por vía de una decidida orientación de las actividades de capacitación hacia el ámbito de la aplicación.

También vale la pena subrayar la validez relevante de la crítica ubicación del "análisis de la demanda" como factor decisivo de la planificación de la capacitación ya que cada vez resulta más claro, que no sólo se producen aprendizajes a luz de lo cursos, sino que es innegable que capacitamos cada vez que creamos condiciones para el aprendizaje.

Fabián Camionschu, con espíritiu de estudio y de análisis profundo, recorre en su libro estos temas, así como otras cuestiones que hoy desevelan a los capacitadores, y es preciso destacar algunos punto de su contribución que le dan un particular sesgo:

■ su visión es la de un colega, y nos sentimos compartiendo inquietudes que hemos discutido, muchas veces, con otros profesionales, sin embargo esa perspectiva no le resta valor académico.

■ el análisis exahustivo de los casos es una clara demostración de cuando el empleo de un caso resulta pertinente por el aporte al objeto que se está estudiando, y por la presentación de aspectos decisivos de la cuestión, a los cuales no se podría abordar, sino a través de ese caso, sumándose el valor de la variedad de las experiencias empresarias consideradas.

Cabe, de mi parte, una última reflexión: los capacitadores formamos una comunidad profesional, no siempre inclinada a compartir sus datos y conclusiones, y, sin duda, no proclive a escribirlas, por lo cual reunir una bibliografía actualizada resulta una tarea azarosa, en este sentido el aporte de Fabián quiebra el patrón y nos da una contribución más que significativa.

Javier Serrano
Agosto de 2003

AGRADECIMIENTOS

Siento la necesidad de reconocerle a mucha gente que me ha aportado, ya sea activa como pasivamente, para que este libro sea hoy una realidad.

Por un lado están los maestros y colegas que me han dado sus opiniones, sus críticas y desde ya su saber: mis docentes y mis compañeros de la maestría en Dirección de Recursos Humanos de la Universidad del Salvador – State University of New York, donde presenté mi tesis que fue el origen de este libro.

También deseo reconocer a quienes admiro personalmente y que, sin hacer cuestión de su renombre se prestaron ya sea a leer mis borradores, a comentarlos y criticarlos, y a darme apoyo y aliento: entre ellos a Javier Serrano, docente mío en ADCA, en el Programa de Formación de Capacitadores, y uno de los más importantes investigadores y estudiosos del tema, quién accedió a realizar el prólogo dándome fuerzas con sus elogiosos comentarios, en un momento en que estaba perdiendo la fe en este proyecto, a Oscar Blake, alguien a quien todos los que estamos en el tema de la Capacitación reconocemos y admiramos y hemos leído, quién hizo una lectura profunda y crítica de la primera versión y a quién deseo agradecerle personalmente sus comentarios, sus viajes desde La Plata y el tiempo que me ha dedicado, y, nobleza obliga, sus disensiones con mi pensamiento. También Santiago Lazzatti, uno de los autores mas importantes que ha producido la Argentina en el tema de Management, quién recibió mis borradores y alabó los casos que presento. Y a Darío Siani, director de la Carrera de RRHH de la Universidad Maimónides, quién me dedico un considerable tiempo para intercambiar comentarios y me sugirió una estructura de presentación que he respetado .

Asimismo a Marisa Vazquez Mazzini, y a Ernesto Gore, quienes me dieron su apoyo y simpatía en este proyecto. Ricardo Cruz, gerente general de Correo Andreani se encuentra asimismo en este grupo, aunque comparte el próximo.

Por otro lado a los empresarios que gracias a las oportunidades de trabajar a su lado hicieron posible que este material se pueda difundir y que yo haya podido aprender y experimentar a su lado: en nuestro país falta una "hagiografía" empresarial, y en general los libros en que se habla de ellos son críticos de sus comportamientos y hechos, entrando más en el policial o la crítica política que en una biografía de personas con virtudes y defectos, como todos nosotros, pero con más millones en sus bolsillos (pequeña diferencia). Muchos de ellos han logrado construir y mantener empresas en momentos de crisis económica y defender fuentes de traba-jo. Entre ellos muy especialmente a Oscar Andreani, quien ha hecho de una pequeña empresa santafesina un gigante de la logística y el trans-porte sin perder su calidez y su contacto humano y familiar. A los herma-nos Silberman, de MacBody, quienes tambien lograron partiendo de un pequeño taller y con la máquina de coser al pié de la cama crear una empresa, con vicisitudes, logros y mucho esfuerzo y creatividad. A Mónica Arias, mi esposa, amiga y colega, quien con infinita paciencia revisó los borradores y realizó observaciones y correcciones muy acertadas. El for-mato final y la redacción han sido rehechos en gran parte gracias a su cuidadosa revisión

Por fin a todos mis alumnos en las diferentes Universidades en las que he dictado clases, y a todos aquellos que han participado de actividades de capacitación que yo he dictado: ¿quién fue el docente y quién el alumno? Muchas veces es solo una cuestión del lugar de enseñanza desde donde nos paramos. Entre ellos de forma especial a un ex alum-no mío de la carrera de Recursos Humanos, Andrés Mosteiro, quien de forma desinteresada y sin querer adjudicarse ningún mérito propio, me puso en conocimiento del sistema de evaluación del Retorno de la Inversión (ROTI).

Espero no ser injusto con todos aquellos, muchísimos seguramente, que no menciono y que merecen ser incluidos, vaya para ellos mi gratitud y mis sinceras disculpas.

INDICE

CAPÍTULO 1

"ES LA CAPACITACIÓN"

"Es la economía, estúpido": con esta frase Bill Clinton enfrentó a un presidente en ejercicio, exitoso en el plano internacional, que había triunfado en una guerra contra el "eje del mal". Pero al pueblo estadounidense no pareció importarle estos indiscutibles logros. Tenían un problema, que les era mucho más cercano, y era la economía y todo lo que ella implicaba: recesión, desempleo, reconversión laboral.

Se podría decir que Clinton interpeló al pueblo de su país y pudo llevar adelante lo que esta interpelación suponía, que era ni más ni menos la necesidad de realizar cambios económicos urgentes. Así ganó no sólo una vez, sino también una reelección, y a pesar de todos los escándalos en los que se vio envuelto, se retiró con una aureola de haber dado a Estados Unidos una década de crecimiento económico sostenible.

En este libro me propongo estudiar un fenómeno que es por supuesto mucho menos trascendental que el de una elección presidencial en la primera potencia del mundo. Y que podríamos sintetizar en "es la capacitación...".

El objetivo de este libro es proporcionar datos, experiencias y casos reales como para que quienes estén implicados en este campo, o deseen estarlo, obtengan elementos de juicio que les permitan sustentar sus prácticas. A su vez pretende interpelar el sentir de muchos que no encuentran algunas veces mejor respuesta que la clásica "si no cree en la capacitación, pruebe con la ignorancia". Por último, es el resultado de 15 años de experiencia en el tema y tiene como antecedente la tesis presentada en la maestría de Recursos Humanos de la Universidad del Salvador, con el faculty de la State University of New York.

Está dirigido a profesionales y estudiantes tan diversos como ser de Marketing, Comercialización y de ciencias empresariales, Ciencias de la Educación, Psicología, Trabajo Social, Psicopedagogía, Sociología, Recursos Humanos, Antropología, sin poner limitaciones de ninguna carrera en especial, ya que no hay campo mas interdisciplinario que el de la capacitación, ni quizás área que abarque más organizaciones involucradas en la misma: Instituciones y Organismos estatales, ONG´s, Empresas, Fundaciones, Cooperativas, Establecimientos educativos de todo tipo, etc.

Por otro lado, está también dirigido a los dirigentes y empresarios de todas las organizaciones mencionadas, para invitarlos a reflexionar desde sus parámetros de evaluación el valor agregado que la capacitación les da en términos del ahora llamado "capital humano".

Muchas veces la tiranía de los balances hace aparecer el valor de la empresa en términos de sus activos y patrimonio, dejando de lado el valor de sus recursos humanos. La dificultad de poder medir el capital humano hace que la organización valga en los papeles mucho menos que lo que vale en la realidad.

¿Cuál es el valor de la organización o de la empresa para la cual se desempeña el descubridor de la cura del cáncer: el valor de su material de investigación, de sus microscopios, de sus tubos de ensayo, de sus instalaciones solamente?. Ciertamente no, pero cómo poder incorporarlo en un balance o en la valuación de la organización presenta demasiados rompederos de cabeza.

Lo mismo sucede en escenarios más amplios: la Argentina es la nación latinoamericana con más premios Nobel y con más profesionales universitarios, pero esto no se traduce en sus indicadores económicos. Parece que tampoco Wall Street ni los organismos multinacionales acreditan en mucho el capital humano de las naciones.

En términos mas técnicos el objetivo de este trabajo será encontrar y definir parámetros que permitan predeterminar la efectividad de las actividades de formación empresarial, y contrastarlas con la experiencia fáctica en casos reales.

ESTRUCTURA DEL LIBRO:

Como este libro está dirigido a diferentes públicos, no pretendo imponerle a ningún lector un recorrido predeterminado, dejándolo en total libertad de elegir (al estilo de la Rayuela de Cortazar) el que le resulte más apropiado. Solo deseo sugerirle el que a mí me pareció mas ordenado a fin de lograr completar el objeto de esta obra.

El lector encontrará en el capítulo 2 un recorrido bibliográfico y conceptual de elementos que a mi entender son indispensables para comprender mejor la dimensión multidisciplinaria del fenómeno de la capacitación y su efectividad.

El capítulo 3 y el 4 están dedicados a comprender las variables externas a la capacitación que influyen sobre esta. Este es un tema muy poco estudiado y trabajado en la bibliografía especializada, y entiendo que se debe a la dificultad por un lado de los propios profesionales del área de poder incorporar su desempeño a un todo más general que los incluye y determina, y por otro lado de los líderes de organizaciones que no incluyen al área de capacitación en las etapas de definición del negocio y solo se sirven de ella como un auxiliar, a llamar en el momento preciso. Algo parecido a la función de Mantenimiento, a quién se llama cuando se descompone una máquina, o a Limpieza, que raudamente deberá acudir a limpiar el café derramado en la reunión de directorio. Esto hace que el capacitador deba adivinar en muchos casos la intención de la organización, o "descifrarla", "interpretarla" en los términos de H. Solaas. El capítulo 5 es un caso que intenta ejemplificar con hechos reales lo sostenido teóricamente, y que servirá (así como los otros dos casos que se presentan en los capítulos 7 y 9) por un lado como apoyo empírico y por otro como recurso didáctico dedicado a los estudiantes que utilicen este texto.

El Capítulo 6 está dedicado a analizar los métodos utilizados para medir la efectividad de la capacitación. En el capítulo 8 expongo un método que los sintetiza y abarca, además de agregar elementos que considero indispensables, al que llamaré sistema integral de evaluación de la capacitación.

Los capítulos 9 y 10 están dedicados al "Para qué" de la capacitación . Es el caso de una empresa donde se realizaron y se midieron actividades formativas de su personal con el método propuesto, y dentro de la accesibilidad a la información, se explica con estadísticas y gráficos que permitan visualizar en términos claros los cambios ocurridos antes y después de la capacitación realizada. Además encontrará el lector métodos de desarrollo de RRHH que espero le sirvan para aplicar en su desempeño profesional.

Las empresas de los casos son una muestra del universo económico:

- Empresa Grande de Logística Nacional
- Empresa Pyme Nacional
- Empresa Financiera transnacional

El propósito de tomar una empresa de cada uno de los segmentos en que se divide a un mercado es para aislar la variable de la dimensión de la organización en relación con sus capacidades financieras y de marketing. Si se demuestra, como creo que se hace, que en las empresas objeto del estudio la efectividad ante las políticas de formación es constante, se podrá concluir que la capacitación es fundamental para obtener resultados económicos, independientemente del tamaño de la empresa.

Por último en el capítulo 11 realizaré las conclusiones de cada uno de los casos y del trabajo, intentando demostrar con los resultados el porqué capacitar.

He intentado limitar al máximo posible las referencias bibliográficas, para no cansar al lector. Sin embargo como consecuencia de que aún pueda existir gente que le interese recurrir a las fuentes sobre las que se basa este libro podrán encontrar una amplísima bibliografía al finalizar su lectura.

Este libro se comenzó en el año 2001 en pleno estallido de la crisis argentina, y se entrega para su impresión en el 2003, cuando un camino de esperanza se abre en el ámbito latinoamericano y local, con un crecimiento que se empieza a avizorar. Que las lecciones de los peores años de nuestra economía nos puedan servir para construir un futuro donde no volvamos a cometer los mismos errores, con mayor solidaridad y un crecimiento que no sea para unos pocos sino que todos podamos compartir y disfrutar. Mi dedicación a la capacitación es producto de mi deseo de ayudar al desarrollo de las personas con las que muchas veces tengo el honor de trabajar y este es el espíritu que quiero transmitir en este libro.

CAPÍTULO 2

EL PROBLEMA DE LA DEFINICIÓN DE EFECTIVIDAD EN CAPACITACION

UNA DEFINICIÓN DE CAPACITACIÓN (ENTRE MUCHAS)

La capacitación es un proceso educativo y psicológico complejo de adquisición, asimilación y acomodación de nuevos conocimientos para aumentar las competencias laborales medidas como respuesta a las necesidades de los clientes/consumidores/ciudadanos. En términos de Oscar Blake es (la actividad) "para que un tipo que tiene que hacer algo que no sabe hacer, esté en condiciones de hacerlo".

Su efectividad es mensurable en gran parte, aunque no siempre, ni siquiera es necesario. Así y todo existe diferentes técnicas para hacerlo, las que explicaré y aplicaré en este libro.

Intentaré demostrar la mayor efectividad de las situaciones de formación en relación con la no-formación, y que la capacitación es una variable que influye en lograr mayores ganancias, o en minimizar las pérdidas en casos recesivos.

Condiciones

Diferencio tres campos en los que divido la capacitación, a efectos de su medición entendida esta última como la posibilidad de medir estadística, económica y contablemente los resultados de una actividad:

1- La formación general actitudinal, dirigida al cambio de hábitos, la que es difícilmente medible ya que no se tienen resultados numéricos claros y distintos, pasibles de ser separados de otras fuentes. Mostraré igualmente herramientas para poder aplicarle un valor mensurable y obtener resultados según los parámetros del mundo empresario.

2- La capacitación técnica, ya sea por diferencia entre el resultado obtenido y el esperado (el "gap" de capacitación), por incorporación de métodos nuevos o por reemplazo de métodos (Blake). Esto es también mensurable, aunque no necesariamente se obtendrán resultados en términos económicos directos, sino muchas veces indirectamente, como ser reducción del "scrap" (desechos del proceso de producción), menores tiempos de "lay-out" (puesta a punto de una máquina o de un proceso), críticos en industrias como la automotriz cuando tienen que cambiar la forma de producción por la incorporación de un modelo nuevo o en negocios cuando deciden cambiar el sistema de recorrido de los clientes dentro del local).

3- La formación comercial, como un caso dentro de la formación empresarial, que está orientada a un mayor conocimiento de producto y de técnicas comerciales, y es efectiva en aumentos de ingresos para la empresa, por lo que una mayor inversión en horas de formación rendirá resultados económicos, siempre y cuando las variables económicas y de marketing no alteren significativamente el mercado-meta.

Esto presupone varios elementos, que podría definirlos como condiciones necesarias:

1- Variables macro y micro económicas estables o favorables a un producto y/o servicio. En el caso de variables desfavorables, podrá medirse la formación cómo una inversión útil para no perder mayor participación de mercado ("marketshare") que la que se perdería si esta inversión no se realizara.

2- Producto o servicio competitivo.

3- Plan de marketing acorde a un producto o servicio, que sea una variable indiferente a la formación. En este caso ante la existencia de un Plan de Marketing, se debe medir la formación cómo plus y compararlo con el caso de no existir la formación. La efectividad estará determinada por el "plus" de la formación contra la no-formación, en presencia del plan de marketing (variable constante). Sin embargo, y como veremos, un plan de marketing está incompleto si no incluye la capacitación, al igual que si no incluyera los costos de las pautas publicitarias, u otros elementos que cualquier empresario considerara lógico y evidente incluir.

¿Qué cosa es la efectividad en capacitación?

Al abordar el tema de este libro, encontré que la primera dificultad surge en definir qué se entiende por efectividad de la capacitación.

Llamarlo "cosa" puede resultar un poco chocante, aunque desde la filosofía sea absolutamente correcto: Recuerdo a un viejo profesor de la Facultad de Filosofía de la Universidad de Buenos Aires, el Dr.Carpio, famoso por su erudición kantiana, su malhumor y cierta misoginia. Al estarle tomando examen final a una alumna de uno de sus cursos, le preguntó –Señorita, una última pregunta para ver si la apruebo ¿los entes, vuelan?- La joven, al verse confundida, contesto –Y, no... - El venerable filósofo estampó un redondo cero en la libreta de calificaciones de la alumna, la echó a volar por los aires (es decir, la revoleó) mientras le decía -¿No ve Señorita que los entes sí vuelan?."Si non e vero, e bene trovato").

Así que llamarle cosa a la capacitación y a la efectividad de la misma solo me lleva a ponerlo en los aires de un contexto más filosófico, o mejor dicho, epistemológico:

Sobre la base de esto propongo estudiar la efectividad tomando lo que se podría denominar "paradigmas", es decir un conjunto de supuestos y creencias que definen y delimitan el concepto sobre lo científicamente aceptable. (Kuhn). En toda época pueden coexistir varios paradigmas, y lo científicamente aceptable será lo que la mayoría de la comunidad científica tome como tal.

Paradigmas en capacitación:

Propongo de forma absolutamente discrecional, los siguientes paradigmas de efectividad en la capacitación como los más comunes en la actualidad:

1- **Paradigma "iluminista":** También lo llamaré de "salvación por la sociedad" (Tomas Abraham). Este se propone la existencia de un contrato entre iguales, constituyente de toda sociedad civil, tal como decía Rousseau. En este paradigma, que solemos compartir los que provenimos de ciencias sociales, se define a la efectividad de la formación como aquella cuyos resultados concuerdan con lo que moralmente se considera aceptable. Es decir se capacita para el bien de la persona, para su igualdad ante la tarea a desarrollar, para su crecimiento, para aumentar su "empleabilidad" o desarrollar sus competencias, según el último grito de la moda empresarial nos vaya cambiando los términos que empleamos.

Este paradigma, se contrapone con otro al que llamaré.

2- **Paradigma "finalista", o centrado en los costos:** Este paradigma tiene como centro de su formulación el que toda actividad se justifica por los costos, es decir, por el cuadro de ganancias y pérdidas que se puedan obtener.

Sus detractores dirán que, por ejemplo, siguiendo a este paradigma "evaluaremos al médico que trabaja dentro de una empresa de medicina no por los pacientes a los que ha curado, sino por los pacientes que ha atendido, ya que cuantos más atienda, más ingresos serán para la empresa", independientemente de cuantos se curen y cuantos se mueran.

En general este paradigma está sostenido por las áreas de finanzas, por los directores, por los gerentes, por los inversores, por los accionistas, etc., etc., es decir por casi todas las personas, exceptuando en general a las de capacitación. Como tiene mala prensa no se lo suele andar ventilando por ahí, pero es quizás el que más peso tiene en las organizaciones.

Los paradigmas y el problema de la efectividad

La efectividad estará directamente ligada al paradigma bajo el cual nos movemos, y quien lo fija es:

a- La comunidad empresaria, con sus valores comunes definidos en determinado momento histórico.

b- Los propios profesionales, que adecuarán o no su visión al paradigma establecido.

Podrá existir la contradicción por la cual un profesional de la capacitación decida manejarse por el paradigma "iluminista" mientras que la Organización decida tomar el otro paradigma. De lo congruente o no, del equilibrio que podrá lograr el profesional trabajando en un medio así dependerá en gran medida la continuidad de su actividad, así como el desentenderse de los costos puede poner en riesgo la continuidad de la actividad... o de la organización.

La efectividad del gasto en capacitación y su medición:

Sin embargo y para salir del dilema es posible encontrar que hay otros medios de pensar la efectividad de la capacitación, ya que el verdadero problema está en cual es el "producto" a obtener, es decir cómo se entiende la medida de la efectividad de la formación dada.

Para plantearnos la efectividad del gasto en capacitación y su medición será de ayuda el concepto que Michael Applegarth (1992) propone como auditoria de la capacitación. El autor intenta aportar elementos para medir la efectividad del gasto. La auditoria es una investigación de la práctica real con respecto a una práctica ideal. Es una forma de identificar la práctica y los procedimientos con que se opera y explorar si predice el resultado deseado.

Applegarth explica porqué se debe realizar una auditoria del entrenamiento.

Describe estándares de calidad y de desempeño basados en la competencia y le resta importancia al análisis del costo-beneficio. El objetivo será el de "gastar menos, bien y acertadamente".

El auditor de capacitación deberá evaluar si el área de entrenamiento está trabajando hacia el cumplimiento de objetivos valorados, aplicando procedimientos sólidos y eficientes y si está obteniendo el tipo, la calidad y la cantidad apropiados de recursos cuando se necesitan y al menor costo. Además debe evaluar si se evita la duplicación de los esfuerzos y del trabajo que tienda a un propósito insignificante o inexistente.

Se opone al análisis en término de costo-beneficio, cambiando esto por un análisis centrado en el **valor**. Esta es la idea principal que aporta el autor: el valor obtenido por el dinero invertido, más allá del costo-beneficio.

Por lo tanto la auditoria debe evaluar si se fijaron correctamente los objetivos, si se cumplieron y si ha mejorado el desempeño del entrenado, y si lo fue en la medida necesaria.

Una auditoria de entrenamiento hablará de la aptitud del área funcional de entrenamiento para habilitar a la compañía a estar donde quiere estar y cumplir su obligación con respecto a los objetivos empresariales.

"El gasto solo puede ser parte de la medida cuando se haya establecido la efectividad"

Es decir sólo cuando el proceso de validación haya demostrado que la actividad de capacitación está ayudando a la compañía a satisfacer todas sus necesidades de entrenamiento, habilitando de ese modo para cumplir con sus objetivos a sus beneficiarios.

Recién una vez realizado esto se podrá calcular el gasto en entrenamiento y evaluar si fue hecho económicamente.

Según H Cairo (1998) el proceso formativo en las organizaciones es un valor estratégico que contribuye a desarrollar la capacidad y consolidar la elaboración de respuestas, las que permitirían potenciar un mejor ser y hacer de los individuos y de las organizaciones. Esta visión implica para este autor nuevas formas de encarar la actividad para lograr la calidad integral y una evaluación dinámica, en donde la participación de los distintos actores y la formación son un factor clave.

Por último Stokov (1975) dice que las propuestas para un sistema de educación continua han sido concebidas como una solución a muchos problemas en el campo de la educación y entrenamiento profesional, pero un acercamiento sistemático a la evaluación de estos programas ha faltado. El autor sostiene que el posponer la educación profesional para edades más avanzadas que las previstas supone un enorme costo económico y una pérdida de capital humano, mientras que la inversión en educación de adultos no implica este mismo costo. Evalúa cómo una educación continua en programas de entrenamiento puede ser evaluada en términos de eficiencia y de igualdad, ambas desde el punto de vista individual y social. Analiza los factores que pueden afectar el valor del capital humano así como las barreras que al presente restan incentivos para la posterior educación y entrenamiento

SINTESIS DEL CAPITULO

La efectividad en la formación tendrá que ver no con el A POSTERIORI de la misma sino con un A PRIORI, en el cual cuando se planifican las acciones a tomar se estipula un objetivo medible y alcanzable. Del acercamiento o no al objetivo previsto tanto en términos de costo-beneficios como en desarrollo personal, lo que será evaluado a través de una auditoria de la capacitación, se podrá definir lo efectiva o no que la capacitación ha resultado.

Por eso lo fundamental es definir el o los objetivos a los que se quiere llegar, para lo cual se deberá contar con el consenso de la organización.

CAPÍTULO 3

FACTORES EXTERNOS A LA CAPACITACIÓN QUE INFLUYEN SOBRE ELLA. LA ECONOMIA

Para comprender los factores que influyen sobre la efectividad de la capacitación empresarial no basta solamente con analizar al proceso de capacitación mismo. Este es un error muy frecuente del profesional del área, que lo lleva muchas veces a desentenderse del negocio en el que se mueve su actividad, aunque también lo es del empresario que sobrestima o desestima las posibilidades de mayores ingresos que le da la capacitación.

Por esto entiendo que es fundamental tener en cuenta los factores externos, y ligarlos a la efectividad de la capacitación, tratando de ubicarlos en su real aporte.

Es clave entender que el proceso de producción no se agota con la salida del producto de la línea de montaje. Si no están las otras funciones o factores de las empresas funcionando acabadamente, lo único que se logrará será acumular grandes stocks de productos que no llegarán nunca a quienes son los destinatarios, es decir los clientes. Lo mismo es aplicable a servicios: una empresa podrá lanzar al mercado el mejor servicio, empleando miles de horas en su diseño y desarrollo, y nunca lograr que un cliente se suscriba al mismo debido a las fallas en los demás procesos de la empresa.

Debido a que el presente trabajo trata específicamente sobre capacitación, me detendré en este punto, entendiendo que una de las actividades fundamentales será el poder deslindar lo que corresponde a capacitación desglosado de los otros procesos de la empresa tales como producción, marketing, logística y distribución, etc. Pero debemos incluirlos para entender en cuánto afectan al tema principal de este libro, y para ello empezaré hablando del más macro de todos, es decir de la economía.

FACTORES ECONÓMICOS

Una vez definida la forma de evaluar la capacitación, se debe tener en cuenta que mayormente la misma está orientada a satisfacer necesidades en empresas que tienen, por lo general, objetivos de lucro. En estos casos la medición de las variables económicas es de gran importancia: Y si no lo es para los capacitadores lo será para los dueños, accionistas, directores, etc., que configuran la conducción de la empresa.

En estos casos se puede medir la capacitación en términos de retorno esperado de la inversión (o ROE). Se habla de un retorno esperado de la inversión, pero antes se debería haber previsto qué y cuánto era lo que se esperaba obtener en términos económicos de la inversión en capacitación, lo que generalmente no se hace.

Usaré con este fin un índice derivado del ROE llamado ROTI: Retorno obtenido de la Inversión en Capacitación. En el capítulo dedicado a las formas de evaluar la capacitación se explicará su medición y en la parte de casos se verá el de una empresa chilena a la que le aplicaré esta medición, con las correcciones que propongo en el método que explicaré en el capítulo 8.

Otro aspecto económico a tener en cuenta es que la variable capacitación es dependiente de las variables más generales del negocio, aumentando o disminuyendo su poder de influir en los resultados según factores económicos (siempre y cuando se capacite).

Por lo tanto será útil primero definir el producto o servicio con relación al mercado de la empresa en que se realizarán las actividades de capacitación.

Con respecto a los factores económicos sostengo que la capacitación produce mayor valor agregado cuando:

- La demanda es más elástica.
- En relación inversa con la capacidad de fijar el precio y el carácter de concentración de mercado de la empresa, dividida en: oligopolio, monopolio, monopolio imperfecto, libre competencia (una utopía).
- Aumento del Producto Bruto Interno (PBI).
- Mantenimiento de la legislación o cambios favorables a la actividad empresarial.

3.1.1 Elasticidad de la demanda:

Este concepto intenta elucidar cuál será la respuesta del mercado a un cambio en el precio de determinado producto o servicio. Si la demanda prácticamente no cambia con una pequeña variación en el precio, es inelástica. Si la demanda cambia mucho será elástica (Kotler y Armstrong, 1998).

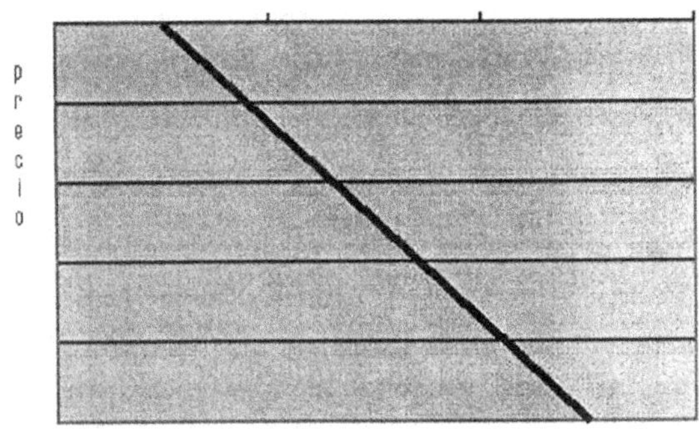

Ejemplo de alta elasticidad

En el gráfico 1 se muestra cómo ante una variación del 1% del precio, se corrobora una variación proporcional de la cantidad demandada (Samuelson y Nordhaus, 1998).

De la mayor o menor elasticidad de la demanda dependerá en gran medida el plus de ganancia que se podrá obtener con actividades que aportan valor al proceso productivo, como ser la capacitación.

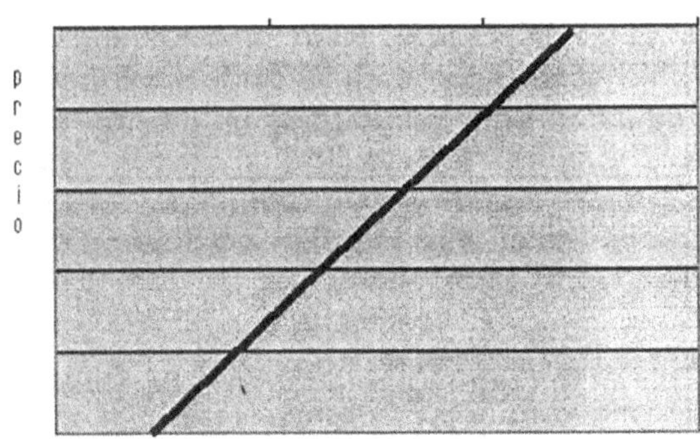

Ejemplo de baja elasticidad

En el gráfico 2 por el contrario, la variación del precio es inversamente proporcional a la variación en la cantidad. Parecería que por criterio común no podría suceder, pero en casos de productos de lujo es un comportamiento a tener en cuenta.

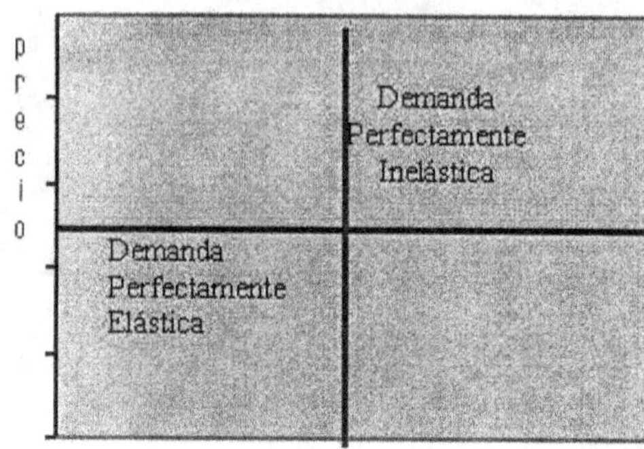

Comparación entre demandas perfectas

En el gráfico 3 se observa la Demanda Perfectamente Inelástica (eje vertical), que es aquella en que la cantidad demandada no responde a las variaciones del precio, mientras que cuando la demanda es Perfectamente Elástica (eje horizontal), una pequeñísima variación del precio provoca una variación infinitamente grande de la cantidad demandada (Samuelson y Nordhaus, 1998).

Sostengo por lo tanto que la capacitación dará resultados económicamente mensurables en el impacto de mayor venta cuando el producto o servicio sea elástico, mientras que será indiferente a esta variable cuando la demanda sea inelástica, y por lo tanto no medible en términos de aporte monetario al negocio. En este último caso se deberá medir al aporte de la capacitación en términos de mejora de procesos y su consecuente reducción de costos o bien en términos de costo de oportunidad, cómo se explica en el capítulo 5.

3.1.2 Capacidad de fijar el precio:

Por otro lado, dependiendo de la concentración del mercado, si la empresa en la que se capacita es o no fijadora de precios también afecta la medida en que la capacitación influye en el resultado económico del negocio. Para comprender mejor esto conviene diferenciar a la empresa según su control del mercado como oligopolio, monopolio, monopolio imperfecto o libre competencia

Ordenados de mayor a menor según el grado de concentración del mercado encontramos:

Monopolio: es cuando una empresa es la única vendedora de determinado bien o servicio. En este caso puede fijar el precio que desee, y los clientes no tendrán más posibilidad que adquirirlo al precio que les sea fijado. La capacitación no influiría en términos de ganancia o de pérdida, aunque sí en términos de satisfacción o insatisfacción de sus usuarios o rehenes.

Oligopolio: se trata de una empresa en un mercado de pocos competidores, y su característica importante es que puede influir de forma significativa en el precio del mercado. La capacitación es necesaria en términos de "duelo de gigantes".

Monopolio imperfecto cuando un gran número de oferentes produce una gran cantidad de bienes diferenciados, por lo que ninguno puede fijar un precio único sin tener en cuenta los precios de la competencia. Su diferencia con la **Libre competencia o Competencia perfecta** es que los productos de cada uno de los vendedores son diferenciados. Así es en realidad cómo funcionan la mayoría de las empresas: cadenas de retail, empresas textiles, bancos, etc., donde cada una produce productos o servicios parecidos pero con diferencias tales que permiten realizar comparaciones entre ellos, por calidad, por belleza, por precio, etc.

En este último caso sostengo que la capacitación es fundamental para obtener mayores resultados mensurables directamente en ventas, ya que lo que diferenciará a un producto de otro NO DEL TODO DIFERENTE NI DEL TODO PARECIDO es la capacidad del personal de hacer "valer la diferencia", es decir, poner de relieve las características propias del producto o servicio de forma tal que sean deseables por el cliente.

Se puede afirmar que el grado de concentración del mercado que tenga una empresa es inversamente proporcional a la influencia de la capacitación en sus resultados económicos. Es decir que en un monopolio la influencia de la capacitación en sus resultados económicos es mínima, mientras que en un mercado de múltiples competidores es enorme.

$$\text{Influencia de la capacitación en resultados económicos} = \frac{1}{{}^\circ\text{ de concentración del mercado}} \times 100$$

Sin embargo la experiencia de mercados que han sufrido un fuerte proceso de privatizaciones, como el visto en Latinoamérica en los años 90 también muestra que aún en aquellos mercados altamente monopolizados u oligopolizados (ejemplos empresas telefónicas o petroleras) la influencia de la capacitación si bien no es fácilmente medible en términos económicos de influencia en los logros del negocio, sí lo es en términos de mejor atención al cliente, mejor imagen ante la sociedad, mayor rapidez en el cumplimiento de un servicio, entre otros. Si a esto le sumáramos estados nacionales que, sin controlar omnipotentemente regularan, se podría enmarcar a la capacitación como una de las condiciones necesarias para cumplir con los objetivos de estas empresas. Desgraciadamente hemos pasado de estados omnipresentes a estados ausentes en el mejor de los casos, para mayor insatisfacción de los habitantes..

Variación del PBI: Este indicador muestra el nivel de crecimiento de una economía nacional en un plazo de tiempo determinado, en general de un año. Ante perspectivas favorables de crecimiento los empresarios podrán tomar la decisión de invertir más en los procesos de sus empresas (como ser la capacitación), confiando en que esto les retribuirá un mayor ingreso. Pero en forma contraria si la perspectiva de crecimiento es negativa, el empresario estará menos dispuesto a invertir ya que querrá preservar su capital.

Esto que parecería de lógica común no lo es en el caso de la inversión en capacitación. Cuando nos enfrentamos a procesos de contracción del mercado, como por ejemplo el de la Argentina desde el año 1998 con una recesión y depresión económica sin precedentes en su historia, la inversión en capacitación puede ser un método para evitar una mayor pérdida. Es decir se invierte el razonamiento "lógico" del empresario y se demuestra que gastando más en capacitación ganará más, o por lo menos no se reducirá tanto en comparación a sus competidores, y quizás hasta pierda menos.

El ejemplo de esto es el caso de una empresa automotriz que en el año 2001 aumentó en un 37,5% sus horas de capacitación con relación al año anterior.

El resultado fue que en vez de reducir sus ventas en un 40% como el resto del mercado, lo hiciera "sólo" en un 20%. En términos generales, su inversión en capacitación con relación a la disminución de sus ventas implicó un aumento en los costos muy pequeño, por cierto, porque era pequeño el presupuesto de capacitación, pero por otro lado le permitió sufrir un 20% menos de caída y de pérdidas que sus competidoras, entre otras medidas.

3.1.4 Cambios en la legislación económica

Este aspecto también tiene mucha injerencia en los cambios que se producen en la planificación de la capacitación, ya que lo que podía ser un negocio altamente redituable pasa a perder su importancia, y viceversa. En el caso de Argentina la venta de divisas extranjeras, que durante 10 años no había sufrido modificaciones, debido a la devaluación de enero de 2002, se tornó en una de las actividades más redituables en un marco de proyección de caída meteórica del PBI. Otro ejemplo es el de la actividad bancaria, que jaqueada como ninguna debido a la indisponibilidad de los depósitos, encontró como actividad clave el recupero de créditos. La capacitación en estos entornos tiene que ser lo suficientemente flexible como para adecuarse a las variaciones de la economía,

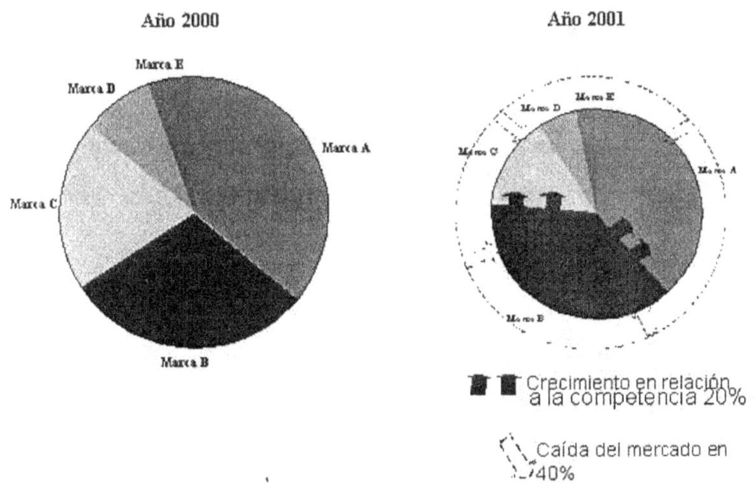

Comparación Market - share de marcas automotrices
Efectos de la inversión en capacitación

por ejemplo enfocándose en la capacitación en cobranzas, o en manejo de moneda extranjera, entre otras actividades.

SINTESIS DEL CAPITULO:

Cuando hablamos de efectividad de la capacitación, ponemos en primer plano el tema económico. Si bien no es la única forma de medir la capacitación, es un factor muy importante y mucho más de lo que los capacitadores solemos reconocer. Por esto debemos incluir variables de análisis económicas a la hora de preparar y de evaluar la capacitación. Estos elementos, entre otros, son: factores económicos para medir la capacitación en término de retorno esperado de la inversión (o ROE); elasticidad de la demanda; capacidad de la empresa de fijar el precio ya se trate de un Oligopolio, Monopolio, Monopolio imperfecto Libre competencia o Competencia perfecta; el grado de concentración del mercado que tenga una empresa, que es inversamente proporcional a la influencia de la capacitación en sus resultados económicos; la variación del PBI, y los cambios en la legislación económica

CAPÍTULO 4

FACTORES DEL MERCADO QUE INFLUYEN EN LA CAPACITACIÓN. EL MARKETING

UNA OREJA EN EL MERCADO

Hay otros factores que influirán en capacitación, y serán aquellos que le sirven a una empresa para desarrollar la puesta en el mercado de sus productos y/o servicios, y la efectividad de la capacitación será una consideración fundamental a realizar en el proceso de agregar valor al producto.

A estos factores se le suman los aportes que el marketing, la sociología, la demografía, la política, entre otras ciencias, estudian y que enriquecen el fenómeno conocido como mercado.

El producto y/o servicio por sí mismo y por sus cualidades difícilmente pueda llegar al mercado en forma más amplio si no hay una estrategia comercial que apoye la puesta en contacto entre el productor y el cliente, por lo que se necesita una planificación, que entre otros aspectos incluya la capacitación, ya sea la comercial para aumentar las ventas cómo la técnica para mejorar procesos y gestión. Esto muchas veces se lo encasilla como Plan de Marketing.

Factores microambientales y macroambientales que influyen sobre la capacitación:

Los factores del mercado que influyen sobre la capacitación los dividiré en microambientales y macroambientales.

Estas definiciones, adaptadas de Kotler quien las usa para el marketing, son perfectamente asimilables a la capacitación, ya que lo que afecta a un sector de la empresa afecta a los otros también desde un enfoque sistémico.

Los factores microambientales son las fuerzas cercanas a la compañía que afectan su habilidad de servir a sus clientes, la compañía misma, los proveedores, las empresas que comparten su mismo canal, los clientes, los competidores y el público en general.

Los factores macroambientales son las fuerzas más grandes de la sociedad, que afectan a todo el microambiente: las fuerzas demográficas, económicas, naturales, tecnológicas, políticas y culturales.

Los aspectos MACROAMBIENTALES y los MICROAMBIENTALES corresponden a factores a tener en cuenta cuando se quiere discriminar el aporte de cada factor al éxito del negocio.

1. Microambiente: influyen en la capacitación las decisiones de los factores internos de la compañía:

1.1 La fijación de presupuesto anual: es una de las decisiones internas que más efectos tiene sobre el sector capacitación, y de la cual muchas veces no participa el mismo en su decisión. Dependerá, por lo tanto, de lo consciente o no que el directorio esté acerca de la importancia de la capacitación en los procesos de la empresa y en sus resultados. Uno de los objetivos de este libro es justamente dar prueba de esto.

1.2 La cadena de proveedores: la capacitación dependerá en gran medida de ellos, ya que el sector capacitación será el responsable de contratarlos y de determinar cuál es el valor que aportarán. Del buen producto que entreguen dependerá también el buen producto a desarrollar.

1.3 Los clientes: son un factor fundamental que influirán sobre la capacitación, y es conveniente que los que se dediquen a la misma estén muy atentos a ellos, ya que a través de los beneficiarios de las actividades de formación es que se llegará a los clientes Aumentar su satisfacción y su decisión de elegir a la empresa será fundamental para evaluar la efectividad.

1.4 Los competidores: también son importantes como factor de influencia en momentos en que desde el punto de vista tecnológico y de servicios las brechas entre competidores tienden a desaparecer, y la única diferencia real queda en el recurso humano, por lo tanto, de su mayor preparación dependerá, en gran medida, la famosa ventaja competitiva.

1.5 Tecnología: Existen gran cantidad de casos, como el explicado en el gráfico 4, en que a similar equipamiento y capacidad técnica, el que invirtió más en capacitación sobrevivió, mientras que quien no lo hizo resistió mal los efectos macroambientales, de los que hablaré a continuación.

2. Macroambiente: Este también tiene una influencia directa sobre capacitación. Salvo que la empresa tenga un poder de lobby suficiente como para poder influir sobre algunos de los factores macroambientales (lo que no es descartable), no puede predeterminarlos, y por lo tanto son equiparables a "fenómenos naturales" como un terremoto, un huracán, granizo, guerra, terrorismo.

Sobran ejemplos de estos, pero trataré por lo menos mencionar algunos, los dos primeros ya vistos en el capítulo anterior:

- **2.1 Factores económicos:** Según se demostró en el capítulo 3, las realidades económicas influyen decisivamente sobre la empresa, y sobre la capacitación por lo tanto. En el caso que se mostrará en el capítulo 8 de este trabajo, el aumento del PBI de un país influirá sobre el poder adquisitivo de sus habitantes, así como el grado más regresivo o progresivo de su distribución, lo que tendrá directa incidencia sobre la capacidad de venta de dicha empresa y sobre la elasticidad/inelasticidad de la demanda. En capacitación se tendrá que saber deslindar este aspecto no controlable cuando se evalúe la efectividad. En este caso será útil el concepto de "costo de oportunidad", es decir que si se piensa que por no ser controlable la variable no importa hacer o no hacer nada, se comprobará que el costo de no hacer es mucho mayor al de haber hecho.

- **2.2 Factores Políticos:** pueden alterar toda una planificación minuciosa. La capacitación debe acompañar estos flujos y reflujos a fin de poderse adaptar rápidamente a la realidad que la sobredetermina y capacitar en lo que la empresa necesita dentro del nuevo escenario.

- **2.3 Factores geográficos:** también determinarán ampliamente la capacitación y la estrategia que se utilice. En empresas muy extendidas geográficamente el costo de traslado será alto y tendrá gran incidencia en las actividades de formación en el presupuesto anual, por lo que se deberán evaluar las alternativas que ofrece hoy la tecnología tales como e-learning, videoconferencias, etc., que son herramientas a crecer indudablemente en el corto plazo.

- **2.4 Factores culturales:** serán de gran impacto sobre las actividades, ya que se deberá adaptar el mensaje teniendo en cuenta qué es aceptable y qué no en las diferentes realidades regionales o globales. Por ejemplo decir que los "picos" del gráfico muestran las variaciones positivas de un producto en un período de tiempo provocaría en Chile mas de un sonrojo entre la concurrencia, mientras que en otros países iberoamericanos no haría mas que señalizar las características de un cuadro de variaciones, mientras que pedirle a un instructor español que se "corra" (es decir, que se aparte) porque no podemos ver la presentación que ha traído para amenizar su actividad puede llevar a una profunda confusión acerca de la acción que los degenerados de sus alumnos latinoamericanos le están pidiendo que haga.

2.5 Factores demográficos: La composición de los grupos destinatarios determinará la planificación de las actividades, así como el nivel de educación, la edad, el sexo, etc. Seguramente si deseamos realizar una actividad al aire libre (outdoor) en una empresa en que muchos de sus empleados son gente grande deberemos ser muy cuidadosos en las tareas que propongamos, a menos que deseemos terminar la jornada con un panegírico dirigido a los caídos en el cumplimiento del deber.

Ciclo de vida del producto:

Otro factor fundamental del mercado que afecta a la capacitación es el momento del ciclo de vida en que se encuentra el producto o servicio sobre el que se esté capacitando, ya que el esfuerzo y el tipo de capacitación son diferentes.

El ciclo de vida de un producto se define como el curso que siguen las ventas y las utilidades de un producto a lo largo de su existencia e implica cinco etapas diferentes: desarrollo del producto, introducción en el mercado, crecimiento, madurez y decadencia.

El gráfico 5 muestra cómo se comporta la variable capacitación con relación al ciclo de vida del producto. En la etapa de desarrollo y en la de introducción la inversión en capacitación será indudablemente alta porque se deberá capacitar a todo el personal para que conozca sus características, las formas de comercializarlo, el soporte que se le deberá dar, etc. La inversión en capacitación irá descendiendo a medida que se va consolidando el producto en el mercado, ya que el personal estará capacitado, mientras que una vez que se tomó la decisión de sacarlo de circulación, la capacitación sigue la tendencia declinante.

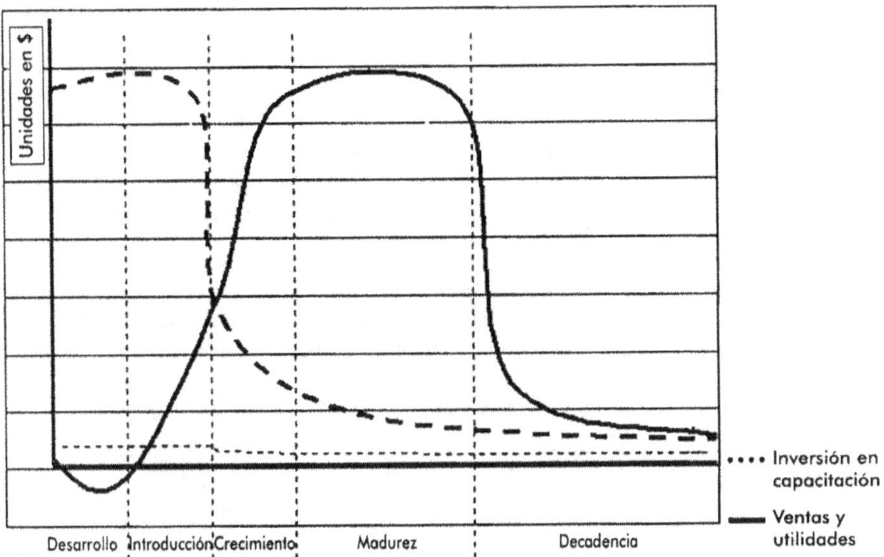

Ciclo de vida del producto comparado con inversión en capacitación

Aunque siempre se deberá seguir capacitando para no perder el conocimiento sobre el producto o servicio, para reforzarlo, o para capacitar al nuevo personal que por razones de rotación y/o expansión deba ser incorporado.

Este dato no es menor cuando el área capacitación deba fijar un presupuesto, ya que de la etapa en la que se encuentren el o los productos o servicios de la empresa, si habrá lanzamiento de nuevos productos o servicios o relanzamientos, dependerá cuántos recursos se deberán asignar a la labor. También surge de aquí la importancia fundamental de la participación del área en el desarrollo del negocio ya que es esencial para su éxito. En este gráfico aparece, a efectos didácticos, exagerada la curva de "Inversión en capacitación". En el hipotético caso de que sea un 3% de los ingresos, según muchos especialistas consideran que es lo una empresa debería invertir en capacitación, la curva sería la que aparece al pié del gráfico, apenas insinuada.

4.3 Desocupación, Educación y Capacitación

Este es un tema muy sensible debido al peso psicológico y a la presión que puedan sentir los destinatarios de la capacitación e indudablemente influirá sobre la efectividad de la misma, inclusive de forma negativa debido a la angustia que pueden sentir los participantes de no llegar a los estándares establecidos con relación a su estabilidad en el puesto. Trabajar sobre esta realidad se convertirá en una actividad insoslayable a fin de conjurar las ideas que puedan tener y poder prepararlos para la tarea. También la existencia de una mayor masa laboral capacitada disponible en el mercado es fundamental al planificar aperturas y contrataciones de personal, según se verá en los capítulos 7 y 8.

A pesar de la aprehensión que pueda suscitar la capacitación en los participantes, todas las fuentes consultadas, a pesar de las divergencias que sostienen en otros puntos coinciden en la importancia de la educación y la capacitación para poder insertarse en el mercado laboral. Desde las posturas que toman este factor como uno de los que solucionaría el problema de la desocupación (Broda, Echart, Digier, Merceau) hasta quienes no piensan en la educación y capacitación como solución pero sí como requisito de acceso a puestos laborales (Montuschi, Krugman)

Por otra parte el sector de demanda del Mercado Laboral, es decir las empresas, expresa que la capacitación de la fuerza laboral es un requisito indispensable. Si no lo cree así ¿cuántos avisos pidiendo personal ha visto que no pidan experiencia?. Muy pocos, seguramente, y en general la experiencia implica el conocimiento que se obtiene al haberlo aprendido en otras actividades laborales previas.

En efecto, la capacitación actúa mayoritariamente del lado de la oferta laboral y puede ser usada como política activa del mercado de trabajo ayudando a los desempleados a tornarse competitivos y a adquirir las calificaciones necesarias para insertarse nuevamente en el Mercado (M.Arias, 1996).

En este sentido, estudios realizados en Estados Unidos y Holanda sobre los programas de reentrenamiento arrojan la conclusión de que son más efectivos si están orientados a grupos con similares problemas de empleo con contenidos y métodos adaptados específicamente a las necesidades del grupo e implementados de un modo cuasi laboral.

Se puede concluir que ante la supuesta paradoja de estar ante una situación de alta desocupación y, a su vez, tener dificultad de conseguir personal suficientemente capacitado, la forma de poder cubrir la brecha es justamente a través de la implementación de métodos no tradicionales de selección de personal que incluyan capacitación y evaluación, a fin de proporcionarles a personas con potencial los conocimientos, aptitudes y actitudes necesarios para poder cubrir las vacantes con las necesidades actuales del mercado y de la empresa, y esto no se conseguiría en la misma medida si se fuese directamente a seleccionar de forma tradicional.

SINTESIS DEL CAPITULO:

En este capítulo se trabajó sobre los otros aspectos no necesariamente económicos ni didácticos que influyen en la capacitación, y sobre los cuales el capacitador debe prestar atención a efectos de no malgastar su esfuerzo, además de estar en sintonía con el resto de la organización. Esto podría ser llamado "sinergia". Estos aspectos corresponden al Macroambiente y al Microambiente,

Dentro de estos factores debemos tomar en cuenta: La fijación de presupuesto anual, la cadena de proveedores, los clientes, los competidores, la tecnología, los factores económicos, políticos, geográficos, culturales, demográficos, el Ciclo de vida del producto, además de la desocupación, subocupación, y los factores de educación formal y no formal del sistema social en el que nos desenvolvemos. Recién con todos estos datos podremos ser más efectivos a la hora de evaluar la capacitación según la realidad de la sociedad en la que nos desempeñamos, y no según nuestros ideales o deseos.

CAPÍTULO 5

CASO ANDREANI
EFECTIVIDAD DE LA CAPACITACIÓN EN REDUCCIÓN DE COSTOS INTERNOS Y MEJORA DE LOS PROCESOS DE INSERCIÓN LABORAL

INTRODUCCION

En este caso analizaré los resultados de la experiencia realizada en el grupo Andreani a través de las Pasantías en diversos proyectos, tanto de forma privada como en relación con Instituciones Públicas y proyectos oficiales.

Veremos como los factores externos influyen sobre las prácticas organizacionales, y cómo dentro de esta empresa se pudieron lograr resultados importantes gracias a una buena evaluación y aplicación de la realidad, gracias a la investigación y estudio de la misma.

Me concentraré en el primer escalón de la estructura de recursos humanos: es decir el empleado u operario "junior" que ingresa en el primer paso de una carrera en alguna Unidad de Negocio. Este ingresante llega con poca o ninguna experiencia laboral, siendo su educación formal escasa, y específicamente sin conocimientos técnicos de las formas de trabajo de la empresa, por lo que se lo conoce como personal no calificado.

Este puesto, a pesar de que muchas veces en la bibliografía y en el análisis de casos se lo suele dejar de lado, posiblemente porque pareciera ser el más "deslucido" o el menos interesante, es clave, ya que es la persona de "front line", dependiendo en gran medida la imagen y la rentabilidad de la empresa de su efectividad y vocación, además de ser el semillero de futuros cuadros medios.

Para esto realizaré un análisis sobre las características y los cambios de la Empresa y de las condiciones externas, que llevaron a replantear y modificar los sistemas de capacitación, y el efecto que ésto tuvo sobre la efectividad.

Compararé el ingreso de becarios por dichos programas con el ingreso de personal por métodos tradicionales.

Por último, trazaré algunas conclusiones sobre la diferencia de efectividad entre una y otra forma y sugeriré propuestas que me parecen adecuadas a fin de obtener procesos de selección más efectivos y que combinen capacitación y trabajo.

Descripción de ANDREANI.

Andreani es un grupo empresarial argentino fundado en la Ciudad de Casilda, Provincia de Santa Fe en el año 1945.

Desde sus orígenes, su actividad fundamental fue el transporte de cargas y las prestaciones estaban orientadas a la atención de las necesidades de orden local y regional.

Los requerimientos de las Empresas clientes impulsaron una dinámica evolución de sus actividades, convirtiendo a Andreani en una gran organización integral de servicios, ramificándose en otras áreas de negocios en las que la logística integral es el elemento clave para el crecimiento y la expansión.

Al momento de este estudio la Empresa estaba organizada en cuatro unidades de negocios. El concepto central por el cual se expandió a través de estas cuatro unidades fue el de dar una respuesta de LOGISTICA INTEGRAL a sus clientes, es decir que toda necesidad de envío, desde un sobre de 20 gs. de peso a una carga aérea de varias toneladas pueda ser cubierta por un solo oferente y sus clientes se despreocupen de tratar con distintas empresas que difieren en standards, en experiencia, estructura y confiabilidad.

Las cuatro unidades de negocios son:

LOGISTICA: Los requerimientos de los clientes en materia de acortar tiempos desde la toma del pedido hasta su entrega en destino, sumado a la necesidad de tercerizar actividades importantes, impulsaron a ANDREANI a desarrollar un servicio a medida de los mismos.

Los servicios son:

- **Almacenamiento y Administración de Stock:** con instalaciones que cuentan con sistemas informáticos que permiten establecer las más variadas políticas de existencias, manteniendo una información fluida sobre la fluctuación de las mismas y actualizando en tiempo real los niveles de stock, permitiendo la consulta "on line" por parte de los clientes. A esto se le agrega la utilización del software más avanzado del mercado para administración de inventarios y el control por código de barras. La operatoria física se realiza sobre la base de tecnología de radiofrecuencia.

- **Preparación de pedidos:** Según los requerimientos de las empresas clientes, basado en la necesidad de flexibilidad y agilidad y "just in time".

TRANSPORTE: La empresa considera esta actividad dentro de la logística, aunque por razones de optimización y de necesidad de organización de una flota de más de 1.000 unidades, se encuentra diferenciada como Unidad de Negocio.

■ **Distribución Física:** Se realiza este servicio permitiendo una cobertura a nivel país dentro de las 24 hs. con unidades de diferente porte.

CORREO: Realiza distribución especializada de correspondencia, que es un servicio destinado a grandes y medianas organizaciones (tanto públicas como privadas) con necesidades de distribución regular de grandes volúmenes, tales como bancos, tarjetas de crédito, compañías de servicio y municipalidades. En estos casos se diseña una operación adaptada para cumplir con los específicos requerimientos de cada cliente. También realiza distribución de envíos postales de tipo certificado y simple, además de encomiendas y servicios especiales en el día.

COURIER: Andreani Internacional se ocupaba de traslado de envíos desde todo el país hacia todo el mundo, sean cargas aéreas o distribución de correspondencia comercial. Contaba con una planta propia de 9.000 m2 en Miami e instalaciones en los aeropuertos de Ezeiza y Aeroparque. Era el único courier en la Argentina que realiza servicios de 24 hs desde las principales ciudades del Interior hacia Montevideo, Río de Janeiro, San Pablo, Santiago de Chile, Miami y Nueva York.

Estructura de los recursos humanos

El grupo Andreani, por su desarrollo, ha ido pasando a estadios de mayor formalización en sus estructuras en general. Siendo su origen una PYME familiar, el crecimiento experimentado sobre la base de una visión empresarial paradigmática se ha visto reflejado también en el aspecto de los RR.HH.

En este proceso se han realizado varios cambios, dentro de procesos de reingeniería llevados adelante, a fin de adecuar y optimizar las estructuras en general, entre ellas la de los recursos humanos.

Esto ha sido necesario desde varias vertientes:

- Los cambios del mercado
- Las nuevas exigencias en un entorno crecientemente competitivo
- La enunciación de "Nuestros Valores Gerenciales".

Todo esto obligó a subir los estándares requeridos (competencias) del personal y a capacitarlo permanentemente, a fin de reconvertirlo y mantenerlo actualizado.

El proceso de reingeniería no implicó una reducción en cantidad de empleados sino un cambio de las competencias de los mismos. Las empresas clientes piden calidad a un costo razonable, por lo que está al orden del día la permanente revisión de procesos a fin de poder cumplir con esta exigencia.

En RR.HH. se tendió a una estructura más homogénea y profesional, elevándose los requisitos solicitados a los ingresantes y exigiéndoseles adecuación de sus habilidades, conocimientos y actitudes (es decir sus competencias) al personal efectivo. Todo esto también implicó un cambio de mentalidad.

La estructura en el ámbito funcional se dividió en cuatro segmentos jerárquicos, lo que implicó un fuerte achatamiento de la escala organizacional y una profunda horizontalización de los puestos:

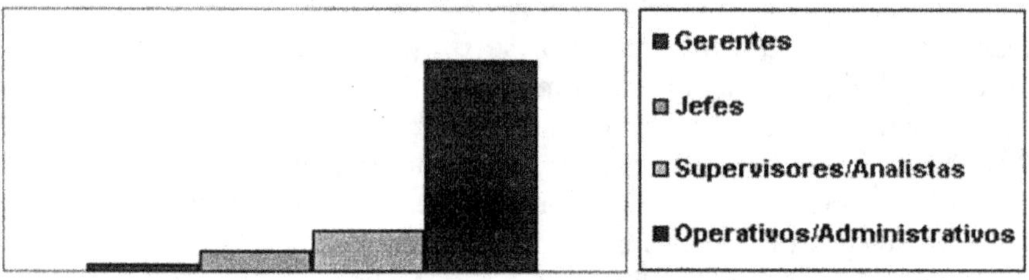

Estructura a nivel funcional

Se había pasado de una estructura de 11 niveles a esta más simplificada de 4, en la cual se generó un esquema de polifuncionalidad en las tareas.

Factores internos que influyeron en las nuevas formas de selección y capacitación

Repercusión interna de los cambios del mercado:

En los años previos a este estudio, los cambios habían sido vertiginosos. Este Grupo Empresarial creció durante los períodos más agudos de transformación de la Economía argentina a partir de una fuerte conciencia de flexibilidad y adaptación a las condiciones imperantes.

Durante la época de la convertibilidad, con la fijación de la paridad artificial 1 peso argentino = 1 dólar (años 90 en adelante) el crecimiento sostenido la llevó a liderar el mercado de logística y a afianzarse en correo. A partir de diciembre del 94, con el conocido "efecto Tequila" a fin de mantener la ecuación costo / beneficio se hizo imperioso realizar modificaciones a todo nivel, inclusive de RR.HH. A esto se le sumó la nueva presión existente debida a la alta tasa de desempleo, que condicionó todo el panorama..

Las nuevas exigencias en un entorno crecientemente competitivo:

Los años 90 han traído un crecimiento apreciable de la oferta de servicios. Específicamente en el mercado logístico, han surgido numerosas empresas, se han radicado en el país otras y algunas se han reconvertido. Se puede hablar de un "boom" de la logística a nivel nacional (e internacional también). Andreani ha liderado este segmento, pero para mantenerse en esta posición fue inevitable la adecuación de sus estructuras y planteles.

Esto ha llevado a incorporar tecnología de punta, como ser informática, enlaces satelitales, códigos de barras, etc., con su consecuente capacitación.

Los Valores Gerenciales:

Fruto de lo explicado anteriormente y de una conciencia que paulatinamente se fue formando dentro del Grupo, surgió la necesidad de expresar algunos conceptos básicos y generales que guiaran las acciones futuras: Esto se denominó "Nuestros Valores Gerenciales". Los mismos se podrían resumir de la siguiente forma:

- "Dar satisfacción Plena a Nuestros Clientes"
- "Responder entregando calidad y excelencia en el servicio"
- "Valorar a la Gente como nuestro principal Recurso"
- "Fomentar la innovación en todos los niveles"
- "Conseguir el máximo rendimiento de la Inversión"

Esto implicó un fuerte énfasis en acciones que ya se venían cumpliendo pero a las que, quizás, les faltaba la explicación necesaria. A partir de esta enunciación, las actividades y políticas de la Empresa debían encuadrarse dentro de los valores especificados.

Específicamente en el tema que se está tocando hay dos valores que tienen fundamental injerencia (aunque no se pueden apartar del todo interrelacionado que constituyen los cinco principios):

"Valorar a la gente como nuestro principal recurso": Orientándose hacia el personal con la debida sensibilidad para su atención, formación y desarrollo a través de otorgar igualdad de oportunidades, definir claramente lo que se espera de ellos, como se los evalúa y recompensa, generando confianza y respeto mutuos, brindándoles capacitación y comunicación constantes y alentando siempre el trabajo en equipo, todo ello dentro de un marco laboral altamente exigente, profesional y competitivo.

"Fomentar la innovación en todos los niveles" apoyando la libre expresión de ideas y, lo más importante, alentando su implementación práctica, respaldando el desarrollo de talentos y priorizando la asunción de riesgos potenciales de no innovar.

Todo esto llevó a aplicar políticas concretas para llevar a cabo lo explicitado.

Cambio en la política interna de Selección y Capacitación:

El achatamiento de la pirámide organizacional, junto con la mayor competitividad, la necesidad de mayores conocimientos y el cambio en los perfiles de ingresantes llevó a un fuerte replanteo de las técnicas utilizadas en los procesos de selección y capacitación. Las formas tradicionales no daban el resultado apetecido.

Sumado a esto un mercado laboral con una desocupación en franco aumento implicaba que si se utilizaban herramientas tradicionales de selección no había estructura selectiva que pudiera responder debido al aluvión de interesados que se recibían, sean en forma de CV´s enviados o de largas colas que se formaban ante la publicación de avisos.

Por otro lado la efectividad de la selección no estaba ligada al número de postulantes, ya que la masa de desocupados difícilmente llegaba a cumplir con las competencias solicitadas por el puesto y por la empresa.

Además la empresa se encontraba ante la necesidad de:

a) elevar el perfil de los ingresantes: ante la competencia creciente se hacía necesario que el personal pudiera tener conocimientos, habilidades y actitudes mayores que las de la competencia.

b) Reducir rotaciones: el alto costo de personal ingresante vs. personal egresante conspiraba contra la fuerte inversión en capacitación y en políticas de motivación de los RR.HH. además del tiempo que demandaba nivelar al personal nuevo dentro de los estándares requeridos.

c) Mejorar la eficiencia y la calidad del servicio: para esto se tornaba indispensable el mejorar cada uno de los procesos internos, entre los que se incluyen los de RR.HH.. En el caso del grupo económico, que es básicamente de servicios, el factor humano es el mayor componente de la infraestructura y de los costos.

d) Incorporación de tecnología: en un mercado cambiante la tecnología hace a un factor decisivo en el momento de posicionarse a la vanguardia y mantener un liderazgo duramente conseguido. Pero la tecnología es manejada por personas, y estas deben tener las aptitudes para saber utilizarla y la capacidad de aprender a valerse de ella.

Se podría decir que:

"CON LAS FORMAS TRADICIONALES DE SELECCION SOLO SE CONSEGUIAN RESULTADOS TRADICIONALES"

Aplicación de sistemas de ingreso y capacitación tradicionales y no tradicionales en Andreani

Debido a lo anteriormente explicado es que se empezaron a implementar formas no tradicionales de selección que incluyen capacitación y evaluación, bajo el sistema de pasantías y/o prácticas rentadas, constituyéndose esta modalidad en la forma de ingreso más efectiva a una carrera laboral dentro del Grupo Andreani para empleados "juniors".

Coexisten dentro de la Empresa ambas modalidades de contratación (tradicional y por sistemas de pasantías que incluye capacitación), pero los resultados de los estudios que a continuación describo demuestra las ventajas en la efectividad de estos últimos.

Los sistemas utilizados se los puede dividir en los siguientes:

Tradicionales:

Sistema de selección por búsqueda directa o por consultoría. Incluye diferentes entrevistas, evaluaciones individuales, según los puestos "assesment center´s", etc.

No tradicionales:

Sistemas de pasantías. Convenios con universidades para estudiantes y jóvenes profesionales. Colegios secundarios. Proyecto Joven. Sistemas de ingreso y capacitación desarrollados internamente.

Sistema Tradicional de Selección y Capacitación

El sistema tradicional de selección y capacitación será aquel que se ha aplicado clásicamente en la mayoría de las empresas, es decir búsquedas puntuales, individuales, con o sin aviso -búsquedas por bases de datos-, entrevistas individuales y verificación de conocimientos "a posterior" del ingreso, sin capacitación previa al ingreso o dentro de un período de confirmación.

Este sistema tradicional se compone, básicamente, de 12 pasos en caso de ser exitosa la búsqueda o de 14 pasos al no serlo, según se observa en el gráfico 13.

Existen momentos claves o de inflexión en los cuales en caso de inconveniente se debe volver a la casilla anterior, o inclusive al principio del proceso.

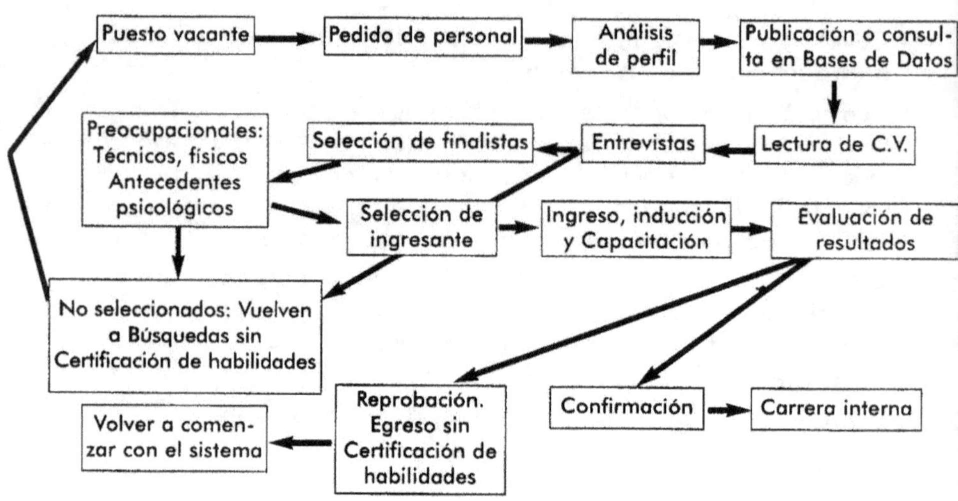

Sistema de Selección con capacitación, o no tradicional.

El sistema de ingreso por pasantía comenzó a ser utilizado por las realidades internas y del mercado que se explicaron al principio del presente caso. Se podría esquematizar este sistema de la siguiente forma:

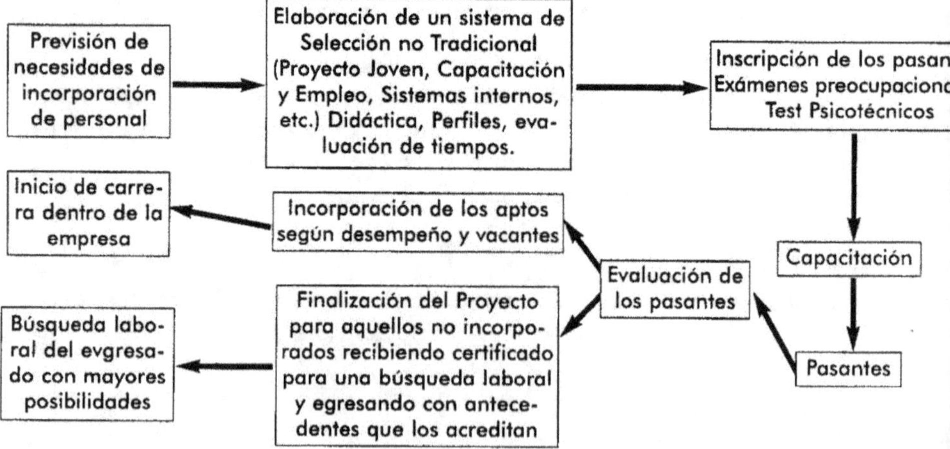

En este modelo los pasos son 7 a 8, garantizando siempre un margen que permitirá cubrir la diferencia entre pasantes que comenzaron el sistema y aquellos que tendrán vacantes al final del proceso, además de asegurarles a aquellos que superen las vacantes ofrecidas una posibilidad de salir al mercado con una certificación de competencias, lo que les implicará mayores posibilidades laborales en el futuro.

En este caso analizaré, como ejemplo, una experiencia en una búsqueda tradicional y otra a través de sistemas que incluían la capacitación realizados para el Grupo Andreani.

Ejemplo de búsqueda por Sistema Tradicional:

En el ejemplo que se muestra a fin de compararlo con los sistemas nuevos de selección y capacitación me referiré a una búsqueda que se realizó para la División Logística.

El puesto vacante era de "preparador de pedidos" y las competencias que se definieron para dicho puesto eran: Personas jóvenes, en busca de su primer empleo o con poca experiencia, ambos sexos, preferentemente secundario completo, con residencia en la zona (Noroeste del Gran Buenos Aires), fuerte actitud de servicio, con potencial de desarrollo y alta dedicación. Se les ofrecía un sueldo por encima del valor de convenio para el puesto, capacitación permanente, comedor en planta y posibilidad de iniciar una carrera laboral. Eran 20 vacantes a cubrir.

Se presentaron 150 personas (este fue el total de entrevistados). De este total se preseleccionaron 25 personas. Luego de realizar los preocupacionales, se consideraron aptos 18, de las cuales solo pudieron ser incorporadas 14 por desistir 4 por diversos motivos (horarios, estudios, etc.)

Los resultados se observan en el siguiente cuadro y en el gráfico:

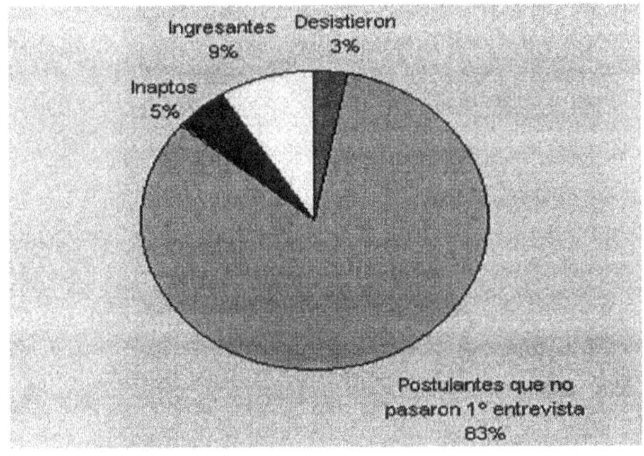

Resultado postulantes seleccionados por sistema tradicional

En este caso se produce una fuerte diferencia entre aquellos postulantes que se presentaron a una primera entrevista y aquellos que fueron efectivamente ingresados y confirmados. Por supuesto que para completar los puestos vacantes hubo que recurrir nuevamente a bases de datos a fin de llamar postulantes, entrevistarlos, evaluarlos, etc. por lo que el proceso se terminaba volviendo casi infinito.

Ejemplo de búsqueda por sistema no tradicional (incluye capacitación)

En un sistema de este tipo el ingreso y selección es a través de un período de capacitación y entrenamiento diseñado para dar cuenta de las necesidades de los puestos a cubrir. Partiendo de la base propuesta (alto desempleo vs. dificultad de encontrar personal apto) en el mercado laboral cuesta encontrar al personal con las habilidades requeridas y cuando se logra resulta que sus aspiraciones de ingresos están en disonancia con las posibilidades del puesto o las personas ya vienen con formas de trabajo viciadas.

Este sistema que incluye selección y capacitación permite:

a) Incorporar a una pasantía personas que no aprobarían un proceso de selección tradicional por no tener las competencias requeridas por el puesto.

b) Formar a esas personas según las competencias requeridas.

c) Evitar distorsiones y "vicios" de experiencias anteriores mal aprendidas.

d) Equilibrar demanda de competencias con aspiraciones materiales y del puesto.

En la etapa de pasantía se intentaba que los pasantes no sólo aplicasen sus conocimientos sino que se pudieran ir incorporando a la Empresa, a su cultura, reglas y modalidades. El incentivo para ellos era el aprender un oficio y el poder obtener un trabajo mejor, en lo posible en la misma empresa o, en su defecto, en otra si puede ser en el mismo puesto o en otro.

6.8.1 Evaluación de los resultados:

Para analizar estos datos he tomado como ejemplo una muestra sobre 44 casos ya que se dieron toda una serie de condiciones que los hacían apropiados a los fines del estudio presente. Estas condiciones son:

a) Existencia de vacantes similares

b) Búsqueda paralela por sistema tradicional en el mismo lapso de tiempo

A continuación se muestra un cuadro donde se detallan los resultados sobre el ingreso de pasantes.

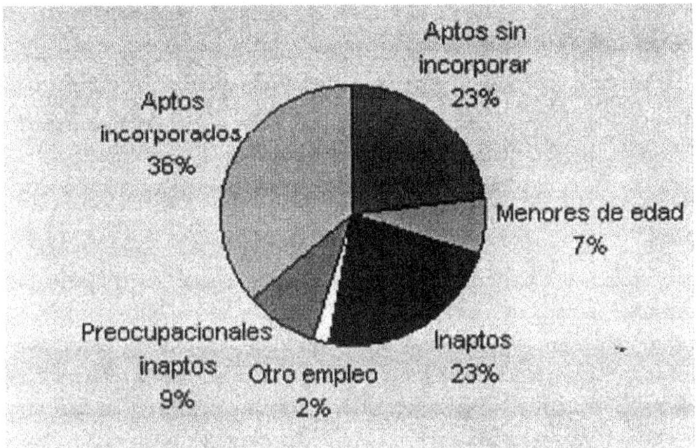

Resultado postulantes seleccionados por sistema de capacitación

Se observa que fueron efectivamente incorporados el 36% de los que se presentaron a la primera selección. Pero teniendo en cuenta sólo los calificados como aptos, el 62% de los mismos ingresaron

Comparación entre ambas formas de selección

Realizaré una comparación a continuación entre ambos sistemas de selección, para lo cual juntaré los datos en un solo cuadro, donde denomino Postulantes a los que se presentaron a la selección de forma tradicional y Pasantes a aquellos que participaron de un sistema que incluía capacitación.

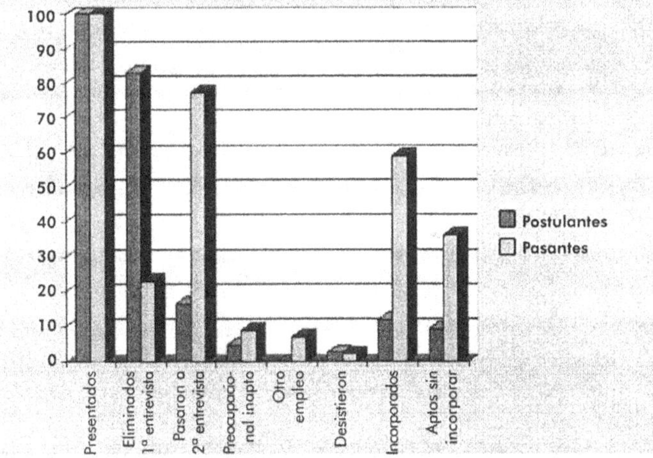

Comparación entre sistemas

En este caso se observa que mientras en el sistema tradicional sólo el 9,34% de aquellos que comenzaron con la etapa de selección resultaron ingresantes, el 36,4 % de los que realizaron un sistema de pasantías obtuvieron idéntico resultado.

Si a esto se lo calcula SÓLO sobre el total de aptos, la diferencia es de 62% a favor del sistema con capacitación contra un 18% del sistema de selección tradicional.

SÍNTESIS DEL CAPITULO

Considero por lo expuesto y por los porcentajes manejados, que el Sistema de Selección con capacitación resulta superior al Tradicional en casos similares:

SISTEMA DE SELECCIÓN TRADICIONAL	SISTEMA DE SELECCIÓN CON CAPACITACION
Candidato con experiencia previa comprobable	Pasante sin experiencia previa
Potencial no es definitorio	Potencial es clave
Puestos muy específicos	Puestos iniciales
Alto nivel de conocimientos	Nivel de conocimientos indistinto (generalmente escaso)
Alto costo a largo plazo en caso de error	Bajo costo a largo plazo
Predictivo	Por resultados
Personal previamente capacitado	Personal a capacitar
Adecuación del individuo a la Empresa	Formación a medida de la Empresa
Imprevisto (con excepciones)	Programable.

El Sistema de Selección con capacitación resulta mucho más efectivo comparado con el tradicional a la hora de evaluar a los ingresados, y esto se debe a varias razones:

- Capacitación según las necesidades de la Empresa: Los pasantes recibieron aquellos conocimientos definidos que necesitaban
- Actitud hacia el cliente (externo e interno): Una parte muy importante de la capacitación fue dedicada a este tema y existe una alta correlación entre aquellos que tomaron este principio y su posterior inserción.

- Conducta laboral: Por el perfil de los pasantes existe un grave desconocimiento sobre normas básicas de desempeño conductual dentro de un trabajo. Este fue un tema en el cual se hizo fuerte hincapié y se consiguieron sorprendentes modificaciones de actitudes.

- Costos: Un tema importante, es el que hace a los costos, que indudablemente influye en la decisión del sistema a utilizar y resulta ventajoso también para el sistema con capacitación. En la ecuación "tiempo y recursos invertidos/ingresantes incorporados", es claro que los capacitados a la hora de ser confirmados han reintegrado lo invertido con creces ya que se encuentran dentro del ciclo productivo. En el caso de los ingresantes por sistemas tradicionales, recién se estará en esta etapa tiempo después de su ingreso, por lo que siempre la inversión efectuada es una apuesta a futuro.

- Predicción vs. evaluación por desempeño: Otra razón a favor de los sistemas de selección con capacitación es que en éste último se evalúa el desempeño como consecuencia de la labor de los ingresantes, mientras que en el tradicional se efectúa una predicción, con los costos ocultos que ésta acarrea al no ser correcta.

Por último, y comparando que con el sistema de selección tradicional sólo el 9% resultó incorporado mientras que con el sistema de selección con capacitación lo fue el 36% (que se eleva a 62% considerando sólo los aptos) es indudable que este segundo sistema revela una mayor eficacia a la vez que reduce los costos de selección.

CAPÍTULO 6

MITOS Y MÉTODOS UTILIZADOS PARA MEDIR LA EFECTIVIDAD DE LA APACITACIÓN

MITOS Y MÉTODOS

Los mitos son métodos de representación de hechos cuya razón científica se desconoce o se desea mantener en la oscuridad, ya sea para resaltar el hecho o por ser inconfesable (ej.: Edipo en la mitología griega).

¿Hay mitos en las empresas? Por supuesto: el origen de muchas fortunas de nuestros días se tratan de explicar por bellas construcciones, ya que la realidad podría no ser presentable en la "buena sociedad".

Son pocos los casos de instituciones que los aceptan, y como excepción es válida la de la universidad de Mc Gill en Montreal, Canadá, fundada por un traficante de pieles, o el Premio Nobel mismo, instituído por Alfred Nobel horrorizado por los efectos desvastadores que podía tener su invención: la dinamita.

Por otra parte, en lo que se refiere a los métodos de evaluar la capacitación, éstos difieren ampliamente de empresa en empresa, y la complejidad de los mismos dependerán en gran medida de la preocupación o profesionalidad de la empresa en cuestión y de los responsables de la capacitación para obtener indicadores confiables sobre su gestión. Sin embargo sobreviven muchos mitos en cuanto a este tema.

Es llamativo comprobar que las empresas en general y los que se desempeñan en capacitación en particular, profesionales o no (más entendible en este segundo caso), han demostrado muchas veces una total despreocupación en cuanto a medir sus resultados. Y en aquellos que sí lo hacen muchas veces existe muy poco rigor para medirlos con bases científicas.

¿Porqué ocurre esto?. No hay una sola respuesta. La falta de profesionalidad sería la más entendible, pero aún en los lugares en que la capacitación está profesionalmente dirigida no es siempre común encontrar disponibilidad para evaluarse. Muchas veces el mito es más cómodo como "método" de explicación.

¿Porqué no se mide la efectividad de la capacitación?:

Los motivos pueden ser varios, en la amplia gama que cubre desde lo mítico a lo racional:

1- **La creencia mágico-fenoménica:** Es mejor capacitar que no. "Si cree que la capacitación no sirve, pruebe con la ignorancia" decía una publicidad de una importante consultora. Todos estaremos de acuerdo con esta afirmación, salvo los accionistas, los dueños, los empresarios, los directores, los gerentes de otras áreas, el personal de conducción en general, etc., etc, cuando todos ellos se preguntan por qué tienen que seguir invirtiendo en algo sobre lo que no tienen comprobación de sus resultados. De aquí surge que cuando vienen los ajustes se aplica el método "C" de reducción de costos: Café y Capacitación son los primeros ítems a ser anulados del presupuesto.

2- **La alegre ignorancia:** Otro motivo es el miedo a que las cifras demuestren algo diferente a nuestras creencias, por lo que mejor no medir y seguir en la alegre ignorancia. Este es un "método" de corto alcance, aunque organizaciones que creen ciegamente en la capacitación por ahí prefieran utilizarlo.

3- **No tengo tiempo:** Y otro motivo es cuando los profesionales de la capacitación están muy ocupados...capacitando. El frenesí diario de las actividades impiden tomarse el tiempo necesario para evaluar cómo se está efectuando la capacitación y si se van logrando los resultados previstos al planificarla. La reducción del presupuesto de formación también obliga a muchas áreas de capacitación a no evaluar ya que no disponen de los recursos humanos necesarios para procesar esta información.

Niveles de evaluación de la efectividad en capacitación:

Una vez que las empresas y los profesionales del área se convencen de que la evaluación es fundamental, se encuentran diversos métodos utilizados para la medición de la efectividad de la capacitación. Según el esquema de Donald Kirkpatrick se clasifican en cuatro niveles los datos a ser recolectados. Estos cuatro niveles responden a cuatro preguntas:

- **Nivel 1:** Reacción, juicio del participante: ¿A los participantes les gustó el programa?.

- **Nivel 2:** Aprendizaje, conocimientos y habilidades logrados por los participantes. ¿Qué aprendieron los participantes de este programa?.

- **Nivel 3:** Utilización, desempeño en el trabajo ¿Los participantes modificaron su conducta a partir de lo que aprendieron?.

- **Nivel 4:** Resultados, contribución al negocio. ¿El cambio de la conducta sirvió a la organización?.

A mi juicio, estos cuatro niveles también implican 4 etapas en la profesionalización de la función capacitación en las empresas, por lo que aquellas organizaciones con mayor involucración en el tema realizarán evaluaciones correspondientes a los cuatro niveles, mientras que otras organizaciones se conformarán con obtener resultados de solo uno, o más de ellos, o de ninguno. Sin embargo en el capítulo 8 en el que intento ofrecer un método mas abarcativo de evaluación, mostraré que estos cuatro niveles no siempre son necesarios ni son de complejidad gradual creciente, sólo y en el mejor de los casos -por no decir en el ideal- son cronológicos. Además la forma de medición del retorno de la inversión en capacitación es cuestionable, según me ocuparé de demostrarlo.

Mencionaré a continuación los métodos más usados, siguiendo este esquema, tratando de agrupar cada uno de los mismos dentro de alguno de los niveles definidos.

Nivel 1

1-Encuesta de reacción.

Se toma inmediatamente al terminar una capacitación, y tiene en cuenta la reacción de los participantes en la misma.

FORMULARIO DE EVALUACIÓN DE LA FORMACIÓN

FORMACIÓN:______________________________FECHA:__/__/__

INSTRUCTOR:________________CENTRO:________________

A - OPINION SOBRE EL CURSO

marque con un círculo el número correcto

PREGUNTAS	Exce-lente	Muy Bueno	Bueno	Regular	Malo
Contenido temático del curso	5	4	3	2	1
Metodología aplicada en el dictado del curso	5	4	3	2	1
Utilización del tiempo en el seminario	5	4	3	2	1
Profundidad en el tratamiento de los temas	5	4	3	2	1
Casos y ejemplos prácticos	5	4	3	2	1
Aportes de los participantes	5	4	3	2	1
Opciones de debatir en forma grupal	5	4	3	2	1
Correspondencia entre lo aprendido y las necesidades	5	4	3	2	1
Material del curso	5	4	3	2	1
Calificación global del curso	5	4	3	2	1
PUNTAJE PARCIAL					

B - OPINION SOBRE EL/LOS INSTRUCTORES

PREGUNTAS	Exce-lente	Muy Bueno	Bueno	Regular	Malo
Conocimiento demostrado sobre el tema expuesto	5	4	3	2	1
Calidad de exposición	5	4	3	2	1
Capacidad de síntesis	5	4	3	2	1
Manejo de casos y ejemplos	5	4	3	2	1
Interacción con el grupo	5	4	3	2	1
Habilidad en el uso de imágenes visuales	5	4	3	2	1
PUNTAJE PARCIAL					
PUNTAJE TOTAL		**PUNTAJE TOTAL**			

Comentarios y/o sugerencias:____________________________

____

¿Qué es lo que más le ha gustado del curso?________________

____

¿Qué es lo que menos le ha gustado del curso?________________

____

Hay innumerables métodos de cuestionario como el ejemplo del gráfico anterior, que cambian de empresa en empresa, de consultora en consultora, pero en general lo que se intenta medir es el grado de satisfacción con la actividad y con el capacitador/instructor. La evaluación puede ser en números, en escalas de 1 a 5, 1 a 10, etc., también las hay cualitativas, adjetivando con malo, regular bueno, muy bueno, excelente, o "cubrió / no cubrió la expectativa: "apenas", "sobrepasó", etc. En el ejemplo anterior se muestra una encuesta de este tipo. Una vez realizada se sumarán los resultados y se tomará un promedio para calificar la actividad:

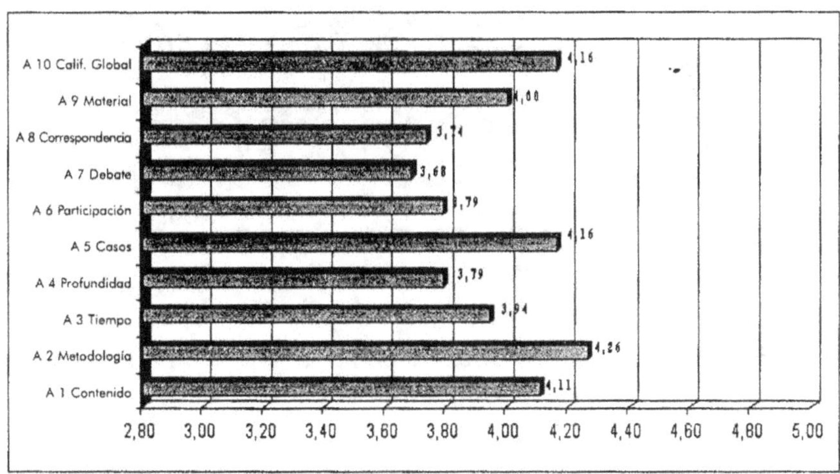

Opinión sobre el curso

Este gráfico muestra la evaluación realizada sobre los contenidos del curso y la metodología empleada.

En el gráfico siguiente se evalúa el promedio del desempeño del o de los instructores. Este sistema muchas veces se utiliza para evaluar el desempeño de las actividades y de los instructores, y sirve también para tomar decisiones acerca de la efectividad de una actividad y también de quienes la han dado.

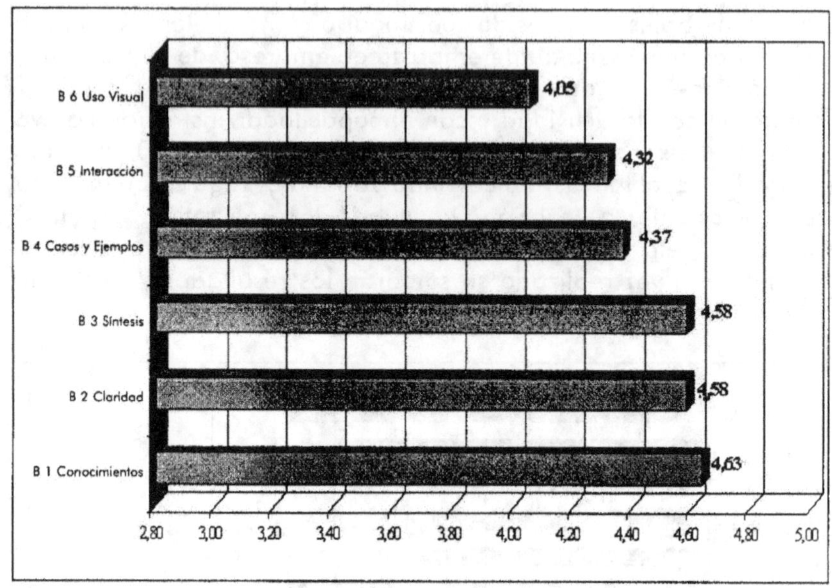

Opinión sobre los instructores

Ventajas:

- Es rápida, se aplica a todos los participantes, es fácil de administrar y de evaluar.

Desventajas:

- Suele tener el efecto llamado "HALO", es decir que una parte de la actividad o del desempeño califica al todo. Por ejemplo un capacitador simpático podrá cubrir las falencias curriculares del curso, mientras que un capacitador exigente podrá influenciar negativamente la evaluación de contenidos, aunque haya sido efectiva.

- No evalúa el grado de conocimientos adquiridos, es decir la verdadera razón de hacer una actividad de capacitación, que es cubrir una brecha -"gap"- entre lo conocido y lo ignorado, según lo visto en el capítulo1.

- El resultado no depende tanto de los nuevos conocimientos aprendidos, sino de "lo bien que la pasamos en el curso". Indudablemente como estrategia de capacitación, el dar contenidos en un continente amable que, a su vez, facilite la incorporación de conocimientos es una forma muy efectiva de capacitar, pero muchas veces el "pasarla bien" se debe más a la actividad lúdica realizada que a los conocimientos aprendidos.

- El evaluador, que es el capacitado, tampoco necesariamente tiene la capacidad de evaluar correctamente al capacitador, lo que da lugar a una gran dispersión de resultados, que muchas veces dependen de la subjetividad del capacitado y de sus experiencias previas, de su grado de exigencia, etc.

Comentaré una experiencia que me parece que ejemplifica las faltas de este método: En un trabajo presentado ante un Congreso Internacional, al final del encuentro se realizaba una evaluación de este tipo. Uno de los asistentes se acercó al capacitador comentando lo excelente que le había parecido el trabajo y lo apropiado para su propia empresa, pero que así y todo lo había evaluado con un 1 en una escala de 1 a 5. Ante el estupor del capacitador, la justificación del capacitado/evaluador fue que "conocía la empresa del trabajo presentado, a la que no le tenía simpatía ya que una vez le habían extraviado un pedido, y que por eso calificaba al trabajo de esa forma". Evidentemente los motivos de evaluación correspondían a cuestiones totalmente ajenas a la buena o mala capacitación recibida, lo que sumado a las desventajas vistas recientemente hace dudar sobre la efectividad de este método, al menos por sí solo.

2: Cantidad de horas de capacitación / hombre.

Este método es uno de los más comunes y extendidos, y consiste en calcular la cantidad de horas de capacitación dadas multiplicando por cada persona que haya concurrido.

Es decir se hace la siguiente ecuación:

Cantidad de hs. de capacitación /hombre	**=**	hs. de cursos por participante	**X**	Cantidad de participantes

La cantidad de hs. de capacitación/hombre se obtiene de multiplicar las horas de duración de un curso (por ejemplo "Atención al Cliente"=8 hs) por la cantidad de participantes a ese curso (participaron 20 personas = total 160 hs. de capacitación/hombre). Si sumamos todas las horas de los cursos dados por todas las personas que asistieron obtendremos el resultado por el período que queramos (por ejemplo un año, que es lo más común), o por el sector (por ejemplo "Dirección Comercial"), o si queremos, por fanáticos de algún club de básquet que hayan asistido a los cursos (por ejemplo Chicago Bull´s).

Este método es muy útil para evaluar el cumplimiento de un programa anual cuando su objetivo es llegar a determinada cantidad de horas anuales de capacitación. Por otro lado si se lo combina con un "óptimo" prefijado de horas de capacitación por cada empleado, también se llegará a un grado de desviación con respecto a la meta cumplida. Ejemplo la Empresa X considera que todos sus empleados deben realizar 32 hs. anuales de capacitación. Pero no todos concurrieron por las razones de siempre. Cuando le pedimos al superior de la persona en cuestión, o a ella misma, dirá, entre otras muchas cosas:

-"No pude ir porque había trabajo" (¿y qué otra cosa podría haber en el trabajo si no es trabajo?)

-"El jefe no me dejó ir porque no le avisaron" (¿El sector capacitación es una empresa aparte?)-

-No fui porqué no me interesaba (¿La capacitación se hace en función de los intereses o de las necesidades de la gente?).

De la sumatoria de las horas de capacitación de toda la gente que fue versus el total programado podrá surgir un gráfico como el siguiente:

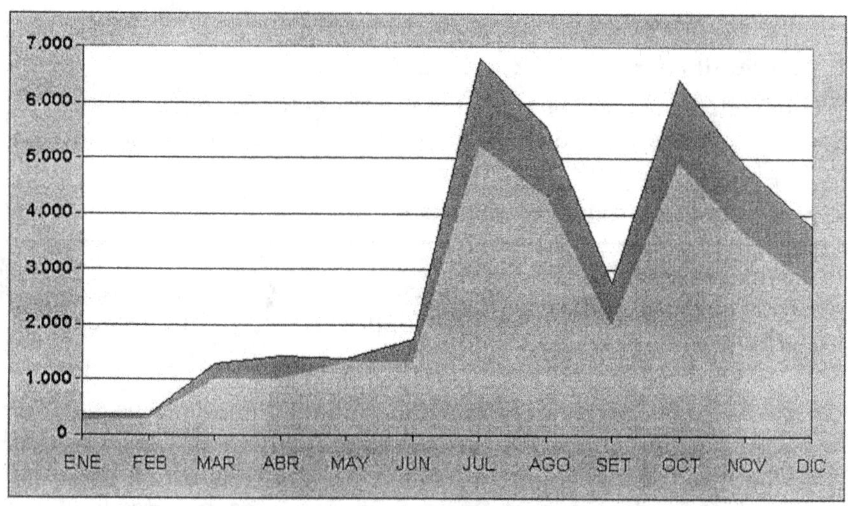

Resultado concurrencia - Previsto vs. Real

Ventajas:

- Mide razonablemente el cumplimiento del programa de capacitación por asistencia de los beneficiarios del mismo.

Desventajas

- Parte del supuesto de que "a mayor horas de capacitación, mayor efectividad", que es sostenido como un "acto de fe" dado que cree en el mismo como si fuera un dogma.

- No dice nada acerca de los cambios en el mundo "real" que ha provocado la capacitación en términos de mayor efectividad, por lo que es dudoso.

- Sólo sirve para mostrar cómo la empresa se preocupa en la capacitación de sus recursos humanos, actitud altamente loable, pero que no proporciona datos sobre si esa inversión realizada en la cantidad de horas ha resultado en cambios o mejoras en el desempeño de los recursos humanos y en la satisfacción de los clientes.

Este método sirve en tanto y en cuanto se obtenga evidencia experimental de la efectividad que la mayor cantidad de horas de capacitación ha proporcionado a la tarea y los cambios entre un antes y un después. Caso contrario solo servirá para observar extasiado una cifra traducida en un gráfico que puede parecer impresionante, pero que en sí no proporciona muchos más datos que un número, más o menos alto, "pour la galerie".

Nivel 2.

1-Evaluación del aprendizaje.

Este sistema se utiliza justamente para evaluar lo aprendido durante la actividad. Se utilizan distintos sistemas, entre ellos:

- múltiple choice: cuestionario de preguntas con múltiples opciones.

- preguntas estructuradas, de complejidad creciente.

- evaluaciones lúdicas: juegos de preguntas, tableros de juegos de menor a mayor especificidad, etc.

A través de estos diferentes métodos se evalúa el aprendizaje realizado por el asistente a la actividad, es decir se trata de medir el conocimiento previo con el obtenido. En algunos casos es recomendable, para lograr más acabadamente este último cometido, tomar una evaluación previa y una posterior a la actividad.

Ventajas:

- La evaluación de este nivel proporciona mayores indicios de si el asistente ha obtenido los conocimientos deseados y en qué medida.

- Se pueden realizar evaluaciones de estilo tradicional o más lúdicas, lo que permite que en el segundo caso el proceso de evaluación resulte menos tensionante para el evaluado.

- Se obtiene al pasar a números una medida bastante objetiva de la capacitación recibida.

- Si se lo combina con una evaluación previa, se puede comparar la diferencia entre el antes y el después y lograr un resultado sobre la efectividad de la capacitación altamente confiable. En el caso de volverlo a realizar transcurrido determinado tiempo (1 mes, 3-6-12 meses después de la actividad), se puede evaluar si el conocimiento adquirido se mantiene, o decrece, y decidir qué correcciones y/o refuerzos se deben realizar.

Desventajas:

- Toda situación de examen es de por sí tensionante, por lo que en alguna medida se puede perder el impacto motivante que se había querido lograr en la actividad (lo que al final de cuentas no es un objetivo principal)

- El examen debe estar bien preparado para ser una evaluación fidedigna sobre lo aprendido en la actividad.

- Informa sobre lo aprendido, pero no sobre lo que la empresa obtiene de ese aprendizaje (lo que al final de cuentas no es un objetivo principal)

Nivel 3. Aplicación de lo aprendido a la tarea.

1 Evaluación de desempeño

Este método incluye la evaluación en el puesto de trabajo de lo que se aprendió durante la actividad de capacitación, es decir si el conocimiento incorporado es aplicado al trabajo diario. Esto se puede hacer mediante:

- Observaciones del desempeño.

- Evaluación de cambios en la realización de la labor.

- Incremento de indicadores de desempeño como ser ventas, reducción de quejas, menores observaciones de auditoría, reducción de los residuos, etc..

En este nivel tenemos desde evaluaciones muy sencillas a realizar, como ser evaluar si un operario aprendió o no a utilizar una máquina, o si un administrativo aprendió a manejar un programa de computación o no, hasta otras más complejas porque tienen relación con variaciones conductuales que sólo se pueden evaluar en el largo plazo, por ejemplo conducción de personal, atención al cliente, creatividad, etc.

Hay diferentes métodos para medir la aplicación de lo aprendido a la tarea, pero uno de los más usuales es la evaluación de desempeño. Sobre este último tema considero que es demasiado extenso como para tratar de resumir acá las diferentes modalidades de evaluación (cuestionarios, sistema de eventos críticos, sistemas de pares, 360° feedback, etc.), por lo que me limitaré a mencionarlo y a examinar sus ventajas y desventajas:

Ventajas:

- Es un sistema integral de evaluación de la conducta del colaborador, que incluye entre otros componentes la capacitación. Proporciona una imagen integral de la persona en los distintos aspectos que se la evalúe.

- Proporciona una información lo suficientemente amplia que permite por un lado tener datos sobre la efectividad de lo aprendido, en tanto su aplicación a la tarea por el otro, registrar las necesidades de capacitación para el futuro.

Desventajas:

- Es difícil de separar lo que se debe a las actividades de formación de lo que se debe a otras causas.

- No brinda información sobre cada una de las actividades de capacitación a las que asistió el evaluado -si es que asistió a varias durante el período de evaluación- por lo que resulta difícil evaluar cada actividad por separado a través de este instrumento.

- Y por el contrario, si se evalúa exclusivamente la aplicación de lo aprendido en una actividad dada, no proporciona elementos de juicio suficientes para la evaluación anual, que debe ser más global.

2 Tablero de comando:

Este método ha alcanzado una gran popularidad. El tablero de comando aplicado a capacitación implica la elección de una serie de medidores de desempeño que se suponen tienen injerencia como indicadores de la marcha del negocio a lo largo de un período de tiempo. Por esta razón una ventaja con respecto al método anterior dado es que permite detectar desvíos de una meta estipulada durante el transcurso de un período, facilitando la aplicación de acciones de corrección antes de finalizar el período completo, comúnmente de un año.

Este tablero se debe acoplar a un tablero general de comando de una compañía, al que alimenta a través de los totales y servirá para mantener la información de eventos críticos de la empresa en cuestión.

Ventajas:

- Se obtiene una información actualizada (en aquellos tableros más complejos, inclusive "on-line" y en tiempo real) de la marcha del negocio, además de una permanente comunicación interjerárquica sobre los eventos claves.

Desventajas:

- La dificultad de seleccionar los indicadores y si son representativos de la realidad que se necesita medir, como ser la efectividad de la capacitación.

Nivel 4: Resultados. Contribución al negocio.

Dentro de este nivel encontramos diversas formas, muy imaginativas algunas, otras francamente controversiales. Es la parte más dificil de medir de la contribución a la capacitación, aunque según me ocuparé de explicarlo más adelante, a través del método experimental podremos encontrar una base científica y contrastable que permita una mejor aproximación al fenómeno de la contribución del área capacitación al resultado del negocio.

Dentro de estos métodos expondré uno que en los últimos años ha gozado de gran difusión en nuestro medio. Gracias a un ex alumno mío de la carrera de Recursos Humanos, Andrés Mosteiro, Gerente de Desarrollo de Recursos Humanos de Repsol-YPF en Argentina, que tuvo la gran gentileza de compartir conmigo una síntesis de este sistema, paso a describirlo a continuación, como un ejemplo con sus limitaciones de tratar de encontrar alguna fórmula que nos permita medir monetariamente el aporte de las actividades de formación a los ingresos de la empresa. Este método está encuadrado por sus mismos autores en el Nivel 4 de Kirkpatrick, que es el que estamos analizando:

Nº	FACTOR	%
1	Precios del mercado	
2	Mercado bursátil / Valor de acciones	
3	Política Nacional	
4	Política Internacional	
5	Consumo	
6	Publicidad	
7	Tecnología	
8	Competencia externa	
9	Apertura de nuevos negocios	
10	Presupuesto	
11	Nuevo Personal	
12	Producción	
13	Condiciones de higiene y seguridad	
14	Desarrollo de las personas (promociones, traslado, rotaciones)	
15	Condiciones de Trabajo	
16	Dirección por Objetivos	
17	Liderazgo	
18	Formación	
19	Desempeño del Personal	
20	Asesores y consultores	

Para obtener los ítems de evaluación más adecuados cada empresa deberá elegirlos según su realidad, ya que variará fuertemente de acuerdo al mercado en el que esté inserta. No serán los mismos factores para una empresa nacional, pyme, grande, multinacional, etc, que cotiza o no en bolsa, o que tiene diferentes grados de elasticidad de la demanda, o que depende en mayor o menor medida de los factores de su ambiente, micro y macro.

En general la elección de estos factores se hace a través de reuniones de diferentes estamentos a fin de fijar cuales serán las adecuadas a la empresa en cuestión.

2do.paso) Obtenido el Factor F de formación buscado (en el ejemplo el porcentaje del ítem 18, capacitación) se calcula R = Retorno en moneda, según la siguiente fórmula:

Siendo:

$$R = \frac{G \times F}{100}$$

F= Factor de Formación

G= Ganancia del ejercicio

3er paso) Al resultado R de esta fórmula se lo utiliza para la medición del ROTI según esta otra fórmula:

$$ROTI = \frac{R}{P} \times 100$$

Siendo:

P=Presupuesto de Formación.

ROTI= Porcentaje del retorno sobre la inversión.

Según se puede observar tanto la ganancia del ejercicio como el presupuesto de la formación surgen de datos que la Empresa posee, y que son objetivos y fáciles de obtener, siempre y cuando la empresa haya realizado un presupuesto y los datos de ganancia sean fiables. Caso contrario propongo reemplazar la G por datos sobre Ventas totales, o cantidad de productos realizados (tomando su costo final), u otro indicador adecuado para el negocio en el cual esté la empresa.

Ventajas:

- Es el más "objetivo" de todos -económicamente hablando- términos de evaluar la efectividad de la capacitación, especialmente en el aspecto que más le interesa al empresario, es decir cuanto obtuvo del dinero que invirtió en una actividad.

- Proporciona un indicador que claramente enuncia el resultado de la realización de la actividad y se puede defender ante los sectores financieros y contables de la empresa.

Desventajas:

- Muy difícil de medir. Salvo en sectores comerciales, en los otros no existen en la mayoría de los casos indicadores relevantes que permitan saber cuanto se obtuvo.

- El sacar este índice es una suma de subjetividades, lo que en todo caso, es el mayor acercamiento al concepto de objetividad posible (Khun).

- La capacitación no es el único indicador que puede predecir éxito o fracaso según he expuesto anteriormente en este libro, por lo cual se debe dilucidar correctamente el aporte de la capacitación.

- En el caso de un ejercicio que haya dado pérdidas, no existe forma de sacar este ROTI, salvo que se asuma que la capacitación no ha proporcionado ganancia alguna al negocio, como tampoco lo habrían hecho ninguno de los otros factores vistos en el gráfico anterior.
- Es falsamente científico.

Falacia del método

Además, y por último, es engañoso: en el caso que presentaré de la empresa Transbank de Chile, veremos claramente que el retorno de la inversión no tiene nada que ver con lo invertido sino con lo declarado como gastado en capacitación. Si declaro que invertí $ 1.- en capacitar a toda mi empresa, el ROTI tenderá a infinito, mientras que si declaro que gasté lo mismo que el ROTI, la suma será 0. Según me observara Oscar Blake muy apropiadamente, si este sistema fuera cierto "invirtamos en capacitación $ 1. - y obtendremos lo que creamos que vamos a obtener: es la mejor inversión del mundo". Desgraciadamente, compañeros capacitadores, el ROTI no ha encontrado el método de hacernos ricos instantáneamente, y si lo hubiera encontrado, me temo que es más parecido al método que encontraron algunos directivos de Enron, Worldcom y empresas similares para hacerles creer a sus accionistas que obtenían ganancias que realmente sólo figuraban en su imaginación, o en sus apetencias. No creo que haya sido este el objetivo de sus desarrolladores, pero me refiero a las consecuencias que se pueden llegar a obtener de este planteo.

2- Costo de oportunidad: Método hipotético-deductivo.

Este indicador ha sido muy poco utilizado, ya que sólo se puede calcular cuando un evento que se debía hacer no se hizo y el resultado se puede elucidar sobre la base de lo que se perdió al no hacerlo. Sin embargo es el más efectivo y seguro, además de científico.

El costo de oportunidad es "el valor del bien o del servicio al que se renuncia" (Samuelson, Nordhaus). Este es un costo que no se incluye en las contabilidades, por lo que es oculto, es decir que no se tiene en cuenta al finalizar un ejercicio lo que se podría haber ganado si se hubiera hecho algo que no se hizo, como ser capacitar al personal.

Sin embargo no se puede disminuir la importancia fundamental que adopta para los que se dedican a la capacitación.

Una forma de calcularlo es siguiendo el método científico o hipotético-deductivo.

Este método consiste en dividir al universo a explorar (en nuestro caso, las personas a capacitar) en dos: a uno de estos grupos les brindaremos las herramientas de capacitación, mientras que al otro al que llamaremos "grupo testigo" no lo capacitaremos. Luego confrontaremos entre ellos cuáles son los resultados que evidencian cada uno de los grupos, y sobre la base de mediciones sobre los puntos a evaluar que hayamos elegido previamente (conocimientos, resultados económicos, etc.) podremos observar los resultados de las aciones llevadas a cabo.

Se verá en el capítulo 9 de este trabajo una empresa donde justamente se pudo realizar esta medición, ya que se daban las características de contar con un grupo de personas no capacitadas que actuó como grupo de control, y con otro grupo capacitado. Para que la aplicación de este método sea válida, deberá contar con las características que el método científico exige, como ser grupos homogéneos sin diferencias apreciabes y/o significativas que puedan hacer variar los resultados por factores ajenos a la actividad que se desea medir (por ejemplo, homogéneos en edad, conocimientos previos, motivación, etc.). No es sencillo en ciencias humanas el lograr esta objetividad, como sí lo es en experimentos de laboratorios, pero es un acercamiento.

Ventajas:

- De todos, este método es el más científicamente comprobable, ya que se dan los elementos como para poder evaluar objetivamente y medir contrastando un grupo contra otro.

- Es ideal para demostrar el efecto de las actividades de capacitación debido a la evidencia acumulada.

Desventajas:

- En la mayoría de los casos es impracticable, ya que implica mantener fuera de las actividades de capacitación a un grupo de empleados, castigándolos con las consecuencias que pueda llegar a tener sobre ellos el hecho de competir contra otros empleados que sí se han capacitado y están en mejores condiciones de afrontar las situaciones -partiendo del supuesto de que la capacitación por sí y sin evidencia aún, es mejor que la no capacitación-.

- De alguna forma implica "condenar a la ignorancia" a un grupo de personas, aunque sea transitoriamente, siempre que se piense que dicha "ignorancia" es mala (muchos empresarios no la consideran así en tanto les cuesta menos).

- Es difícil contar con grupos lo suficientemente homogéneos como para poder comparar -"a temperatura y presión constantes" según dirían los principales defensores de este esquema desde su paradigma científico proveniente de las ciencias exactas- como si fueran iguales y las diferencias personales no sean determinantes en diferenciar el desempeño.

- Las empresas no suelen ser laboratorios experimentales

SINTESIS DEL CAPITULO:

Para medir el resultado de la capacitación se han utilizado diversos métodos, cuya síntesis se puede encontrar en el esquema de los cuatro niveles, que desarrolló Kirkpatrick. Prácticamente todos los demás métodos entran en alguno de los niveles enumerados.

Los cuatro niveles son: Reacción, Aprendizaje, Conocimientos y habilidades logrados por los participantes, y su Utilización, y Contribución al negocio.

Todos estos procedimientos tienen ventajas y desventajas, y muchos están basados en mitos que las organizaciones, los empresarios, y los capacitadores tienen sobre la efectividad de la capacitación. El capacitador deberá ser muy cuidadoso cuando elige qué método utilizar, ya que debe sopesar lo que realmente le sirve a su organización y para qué utilizará su tiempo y los recursos que le proveen.

El método científico es el hipotético deductivo, en términos empresariales de "costo de oportunidad", pero existen diversos inconvenientes en su aplicación que dificultan la medición.

CAPÍTULO 7

CASO TRANSBANK
CAPACITACIÓN EN UNA EMPRESA CON INELASTICIDAD DE LA DEMANDA.

INTRODUCCIÓN

En este capítulo intentaré mostrar con un ejemplo práctico de la empresa Transbank la aplicación de una evaluación del tipo de la de Retorno de la Inversión, según el método ROTI basado en el Nivel 4 de Kirkpatrick, y las objeciones a este tipo de medición. Además se aplicarán nociones observadas en los capítulos 3 y 4 con respecto a los conceptos de marketing y de economía aplicables en capacitación.

HISTORIA DE LA EMPRESA

La empresa Transbank es una empresa chilena, cuya casa central está en la ciudad de Santiago de Chile, y que se dedica a la emisión y comercialización de tarjetas de crédito y débito.

A mediados del siglo XX se comienza a usar por primera vez la tarjeta de crédito en los Estados Unidos. En Chile, este medio de pago inicia su operación en el año 1978, con la primera tarjeta Diners Club, emitida por el Banco Hipotecario y de Comercio. Posteriormente son emitidas las tarjetas Visa de los Bancos de Talca y Concepción.

A fines de 1986, a raíz de los cambios que se producen en la legislación bancaria, se permite la creación de sociedades de apoyo al giro bancario. Es así como en agosto de 1989, siete entidades bancarias se unen para formar la Sociedad Interbancaria Administradora de Tarjetas de Crédito S.A., la que luego sería Transbank S.A. y que a la fecha cuenta con un total de 20 instituciones accionistas.

A comienzos de 1990 y con el retorno de la tan ansiada democracia en Chile, Transbank inicia la administración de las tarjetas Visa y la afiliación de Establecimientos Comerciales, alcanzando en octubre de ese mismo año 2.600 adscritos al sistema.

En noviembre de 1990 Tarjetas de Chile S.A. traspasa a Transbank su tarjeta Diners Club y los contratos de los establecimientos comerciales que tenía afiliados. De esta manera, en unos pocos meses incrementa su cobertura a nivel nacional, contabilizando 22.000 establecimientos comerciales afiliados.

En los últimos meses de 1991, a través de una negociación con Bancard S.A., la red de comercios se incrementa a 35.000 establecimientos y se incorpora el servicio de administración para todas las tarjetas Visa, MasterCard y Magna.

Abril de 1995 marca un hito para Transbank, con la introducción en Chile de la primera Tarjeta de Débito. Bajo la marca Checkline, se habilita una importante red de establecimientos comerciales, con el fin de realizar transacciones de débito tanto de clientes nacionales como internacionales (Maestro y Electron).

A partir del segundo semestre de 1995, comienza a tomar forma un ambicioso Plan de Transformación, que focaliza la acción de la Empresa esencialmente al desarrollo del Rol Adquirente en Chile.

Durante 1997 se concretó exitosamente la externalización de la emisión de tarjetas. El 1° de abril comienza a operar la empresa Nexus, la cual se hace cargo de las funciones de procesamiento y emisión que hasta entonces efectuaba Transbank.

De esta manera, Transbank aboca todos sus esfuerzos a la ampliación y profundización de la red de comercios afiliados al sistema de Tarjetas de Crédito y Débito, y a la exploración y desarrollo de nuevas oportunidades de negocio en el ámbito de los medios de pago.

En 1998 se inaugura la así llamada por la empresa Nueva Política de Precios. Esta medida tiene como objetivo principal disminuir la tasa de comisión para afiliarse al sistema electrónico de ventas con Tarjetas de Crédito. Además, ofrece descuentos adicionales, dependiendo del volumen de la venta mensual y del monto del vale promedio. Se produce además la fusión con Edibank, institución dedicada al intercambio electrónico de información.

Caracteríticas del producto

A través de actividades de merchandising se cambia la presentación pasiva de un producto o servicio, por una presentación activa, apelando a todos los medios que puedan hacerlo más atractivo que los productos de su competencia, motivando así la decisión final de compra.

Cuando un comercio se afilia a Transbank, es visitado por un capacitador que lo instruye sobre la forma de operar y le entrega el material P.O.P. ("point of purchasing" o punto de venta) que de acuerdo a los rubros y al diseño de sus instalaciones, se distribuyen a todos los comercios. El comerciante abona un costo de conexión del servicio y de mantenimiento mensual.

Sistema de Crédito y de Débito

Es una opción de pago al contado, que a través de las tarjetas emitidas por los bancos para acceso a los cajeros automáticos y tarjetas de crédito permite pagar compras en todos los comercios e instituciones identificadas con la marca Redcompra.

Ofrece varias ventajas para el establecimiento comercial como ser:

- Disminuye los costos de manejo de papeles, autorizado de cheques, depósitos en bancos, etc. Con el Sistema de Débito todas las acciones derivadas de la venta se realizan en forma electrónica.

- Garantiza el pago de las ventas, evitando el riesgo de cheques robados o dinero falso.

- Elimina el riesgo de compras con cuentas corrientes con saldo insuficiente.

- Permite disponer de los fondos generados por este tipo de ventas en 48 horas.

- Disminuye la posibilidad de robos.

- Mejora la atención a los clientes, a través de un sistema de venta eficiente y expedito.

Mientras que para el consumidor:

- Elimina el riesgo de portar dinero en efectivo y cheques.

- Ahorra tiempo al usuario, quien no tendrá que estar llenando cheques.

- Elimina la necesidad de mostrar documentos de identificación.

- Implementa la modernidad, comodidad y rapidez en las compras.

El sistema se utiliza a través de lo que la empresa denomina TBK, que es una terminal electrónica inteligente, que se conecta junto a la caja del establecimiento adherido, para autorizar y capturar, en pocos segundos, ventas con Tarjetas de Crédito y Débito, sin necesidad de llamar a la Central de Autorizaciones. No requiere de vales o resúmenes de ventas y evita el trámite de los depósitos, facilita el control sobre las ventas con tarjetas y asegura su pago.

Transbank cuenta asimismo con un Call Center, llamado TRANSERVICE, que es el departamento de Atención a Clientes, donde la labor fundamental es atender, orientar a los clientes (establecimientos comerciales) y otorgar una respuesta a sus requerimientos.

De acuerdo al tipo de consulta, ésta puede ser resuelta en línea, o bien derivada al área correspondiente, de acuerdo a procedimientos definidos por la Compañía para el "Servicio a Clientes".

Al mismo tiempo, Transervice recibe la correspondencia por carta, fax y correo electrónico (e-mail) de los Establecimientos Comerciales a nivel nacional. Los antecedentes son seleccionados y analizados para ser canalizados según corresponda la solicitud o regularización.

Competencia

Su principal competidor eran las tarjetas "de tiendas", que en el mercado chileno tienen una gran participación: son aquellas emitidas por grandes cadenas (Tiendas París, Falabela, etc.), las que dan crédito y se mueven por fuera del mercado bancario.

La cartera de la empresa Transbank respondía a un perfil ABC, el de mayor poder adquisitivo, frente al de las tiendas, que respondía a un perfil C123 de menor poder adquisitivo, sin entrar en categoría de pobres e indigentes –D y E- o de quienes se encuentran totalmente por fuera del mercado de transacciones electrónicas.

El desafío comercial

El crecimiento de la facturación de Transbank en el año 2001, según definían sus autoridades, dependía principalmente de las variables macroambientales de las que se había hablado en la parte introductoria de este libro.

El principal factor que podía afectar el crecimiento de la facturación de la empresa era el crecimiento del Producto Bruto Interno de la economía chilena.

En economías desarrolladas o en vías de desarrollo se utiliza el así llamado dinero electrónico como una forma más de pago, la que si bien puede ser influida por factores microambientales como ser la publicidad, las promociones, la capacitación de la fuerza de ventas, no es determinante del monto global de gasto de una sociedad.

Para esto es útil entender en qué momento de la incorporación del producto se encontraban (según lo visto en el ciclo de vida), ya que si fuera el inicio, el crecimiento sería geométrico.

Pero una vez que esta economía ya adoptó el sistema como parte de su esquema habitual de movilización de fondos, la mayor incidencia de los crecimientos sucesivos sólo podrán explicarse según las variaciones, positivas o negativas, del PBI del país en cuestión.

Por lo tanto la capacitación aportaba según los análisis realizados por la gerencia comercial el 1% del crecimiento de la facturación. ¿Convenía entonces invertir en capacitar?.

Durante el año 2000 habían llegado a facturar 57.000.000 de UEF. Cada UEF es una unidad que expresa una cantidad determinada de dinero, en pesos chilenos. Se calculaba en cuanto a un monto que explicaba la unidad mínima de transacción posible.

El plan para el año 2001 era llegar a 74.000.000 de UEF, es decir un fuerte incremento, que se discriminaba de la siguiente forma:

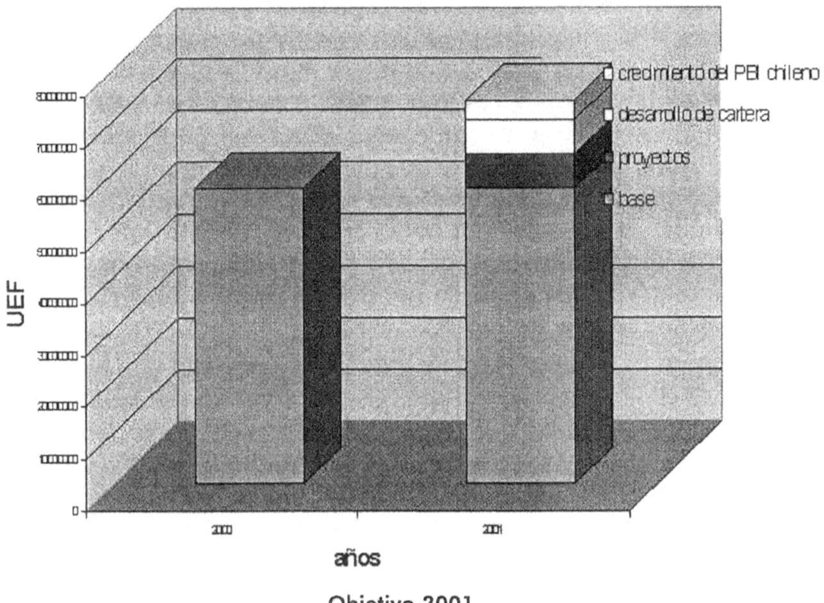

Objetivo 2001

Como se observa en el gráfico, para llegar al objetivo del año 2001 se dependía fuertemente de los siguientes factores:

- Se partía de una Base igual a lo obtenido en el ejercicio anterior.

- Suponía un crecimiento del PBI de la Economía chilena en un 5% (el año terminó con un modesto 1%).

- Desarrollo de cartera, colocando mayor cantidad de terminales en diversos puntos de atención.

- Proyectos, es decir nuevos mercados no explotados aún como ser salud, pago de impuestos municipales, y promociones para impulsar el uso del pago electrónico. Estos proyectos eran 15 y contaban con diversa potencialidad y apoyo publicitario.

Estado del sector comercial al inicio

Al comenzar a preparar la capacitación solicitada se realizaron reuniones con los principales responsables de la empresa, entre ellos el Gerente General, el Gerente Comercial y los Jefes de Departamentos y equipos de ventas, además de muchos de los vendedores, realizando entrevistas, visitas a comercios y focus –groups.

Sobre la base de la información recolectada se encontró que durante el año anterior se habían ocasionado problemas con varios jefes de Departamentos y de equipos, esto se hizo evidente a través del resultado de una encuesta de clima interno que había mostrado inconformidad con algunos superiores jerárquicos lo que llevó a cambios en las conducciones. Esto hizo sentir a la fuerza comercial con un gran poder, ya que podían reemplazar a sus jefes, lo que paradójicamente produjo un clima de inestabilidad: tanto por parte de los nuevos jefes, porque sentían que dependían de sus subordinados para continuar en sus cargos, como por parte del personal comercial porque percibían que varios de ellos que se habían estado desempeñando por debajo de las expectativas podían peligrar en sus lugares de trabajo.

La opinión de la máxima dirigencia de la empresa era que tenían problemas con el personal elegido para el área comercial porque en general conocían poco de bancos, lo que consideraban como una falencia importante ya que el negocio principal de Transbank pasaba justamente por la comercialización de herramientas bancarias. A su vez, deseaban que la nueva fuerza de ventas adoptara una modalidad más proactiva, ya que antes vendían por demanda, es decir eran los clientes quienes les pedían su producto. Esto se había ajustado perfectamente a la etapa de desarrollo del producto que estaban en su fase introductoria. Al momento de este estudio debían empezar a vender por oferta, ya que estaban llegando a su etapa de consolidación, por lo que debían salir a comercializar los productos que ofrecía la empresa, los que no necesariamente el mercado estaba ávido por tenerlos. De aquí también que el mayor o menor éxito dependiera del crecimiento del PBI, lo que provocaría un mayor circulante monetario y por ende una mayor transacción de dinero a través de medios electrónicos.

La brecha -"gap"- de capacitación se expresaba en que "los comerciales no eran lo suficientemente comerciales", por lo que justamente se demandaba que se trabajara sobre las habilidades de comercialización.

Por otro lado se estaba creando una nueva gerencia, la de Marketing, que hasta ese momento no existía, aunque el desarrollo del producto seguía estando separado de esta gerencia.

La conducción consideraba al ejecutivo de cuentas como "en la trinchera", y pretendía que los clientes pasaran a considerarlo un consultor, es decir que pudieran decir de su ejecutivo de cuentas que "los estaba ayudando a vender más".

El perfil de vendedor deseado era el de aquel que sale, negocia y cierra la cuenta (concreta la venta), con hambre competitiva dado que para el 2001 se planteaba un salto cualitativo en el crecimiento de la cartera. Para ello los ejecutivos de cuenta deberían salir mucho más a la calle. Se calculaban que estaban en las oficinas de la empresa un 50% de su tiempo en tanto que el tiempo ideal era que fuera un esquema de Pareto: 20/80, correspondiendo la segunda cifra al tiempo que debían estar en la calle visitando clientes.

A su vez, se estimaba que los jefes tampoco salían mucho al terreno y que no había competencia interna, por lo que se pensaba que ellos debían predicar con el ejemplo.

Por otra parte, el estado de ánimo de la fuerza de ventas se había visto alterado por cambios en la forma de medir las comisiones, que de calcularse en función de metas trimestrales, había pasado a mensualizarse. Esto llevó a que desde la Gerencia Comercial los objetivos se ajustaran según cómo iba avanzando el año en cuanto al decrecimiento de las proyecciones realizadas al comienzo del ciclo. El componente del sueldo era de un 20% variable y un 80% fijo, con una escala de premios por superar el objetivo de entre un 15% a un 30%.

El esfuerzo realizado para ajustar el sueldo a pesar del decrecimiento de las proyecciones no había sido lo suficientemente apreciado, lo que hablaba de problemas en la percepción de lo merecido y de la equidad interna.

Los vendedores se encontraban por un lado ante una parte de sus jefes a quienes definían como "malos", los que no eran buenos líderes, y por otra con problemas en la comunicación interna ya que la cadena jerárquica no se enteró de los problemas existentes hasta la llegada de la evaluación de clima. En el momento de realizar el relevamiento aquí detallado se hallaban ante una crisis de liderazgo, la que estaban tratando de remontar con la reubicación de los jefes de bajo desempeño o resistidos e incorporando otros con mejor perfil.

El objetivo de la organización era llegar a la meta anual propuesta a través de cambios actitudinales, haciendo que la fuerza comercial sintiera que se podía, e intentara hacerlo, estableciendo los equilibrios que correspondieran, sin miedo al cliente, adoptando actitudes proactivas, y mejorando la faz relacional con los comercios. El presupuesto para promociones, en lo que confiaban los ejecutivos para aumentar sus ventas, se iba a manejar discrecionalmente por lo que se no iba a poder contar con esta herramienta para todas las actividades promocionales (lo que llamaban "la magia de la promoción", instalada en los comerciales que creían que a través de ellas crecerían "mágicamente" las ventas). Esto era motivo de disconformidad, por lo que era necesario trabajar sobre la faz creativa de los comerciales a fin de que "pudieran salir sin artillería" e igualmente así ser exitosos.

¿Para qué capacitar?

A la variable capacitación solo le era adjudicado un 1% de crecimiento ¿Valía la pena capacitar?.

Este 1% correspondía a aumentar la facturación en U$S 16.600.000, lo que indudablemente era una cantidad interesante para tener en cuenta. Por supuesto que el porcentaje que le quedaría a la empresa de esta cantidad sería mínimo (entre el 3,5 al 10%, según el convenio con el negocio cliente), pero al ser una empresa que representa a bancos que son sus accionistas, se puede entender que esta masa de dinero sería la que estas mismas instituciones recaudan, aplican intereses y facturan servicios, por lo que se concluye que aún esta contribución seguía siendo interesante.

Por otro lado está el llamado costo de oportunidad: el costo de no capacitar podría ser mayor al de capacitar, medido en disminución de los ingresos. Según el gráfico mostrado, gran parte del crecimiento de la facturación estaba relacionado con los llamados proyectos. Estos dependían, por un lado, de una adecuada promoción y publicidad, pero por otro de su conocimiento por parte de la fuerza de ventas de la empresa, por lo que era fundamental capacitarlos en sus características.

Además el desarrollo de cartera era el factor que terminaba de completar el esquema de crecimiento propuesto para el año 2001. Este desarrollo implicaba adherir más comercios. En este caso existían dos posibilidades, la primera que es la "inbound", es decir entrante, que es cuando un negocio pide el servicio de la empresa porque entiende que es una forma de acrecentar sus ventas o porque sus propios clientes se lo exigen. Al crecer el uso del dinero electrónico, crece el pedido de mayores terminales TBK.

Pero también se tiene el sistema "outbound", es decir cuando el representante de la empresa sale a ofrecer el servicio a un negocio y, además de explicarle sus características técnicas, debe convencerlo de su utilidad y las ventajas que le reportará a fin de que el potencial cliente decida hacer la inversión que implica la conexión del TBK. No capacitar implicaría privar al representante de la empresa de herramientas de ventas para que pueda cumplir con mayor éxito su cometido, por lo que apropiadamente se puede hablar de costo de oportunidad de la no capacitación.

Cálculo del retorno de la inversión en capacitación

Aplicaré el método descripto del Retorno de la Inversión en Capacitación o ROTI para evaluar la conveniencia de la capacitación según el retorno de la inversión.

$$R = \frac{G \times F}{100}$$

Donde:

G= Ganancia del ejercicio, la que consideramos en un 12% del ingreso total.

F= Factor de Formación

En este caso se tendrá que:

$$R = \frac{139.416.000.000 \times 1\%}{100} = 1.394.160.000$$

A este resultado R lo voy a utilizar para la medición del ROTI según la fórmula ya vista:

$$ROTI = \frac{1.394.160.000}{980.000} \times 100 = 1422$$

Donde

P=Presupuesto de Formación = $ 980.000.-

ROTI= Porcentaje del retorno sobre la inversión.

Aclaro que los montos están en pesos chilenos, al valor de enero del 2.001.

> ## Por cada peso invertido en capacitación se obtienen $1.422.- de Retorno de la Inversión.

Sin embargo, según lo afirmado en el capítulo anterior, este cálculo es falaz. Para demostrar este punto de vista invito a los lectores a que me acompañen en el siguiente razonamiento. Supongamos que la empresa en cuestión hubiera decidido que la capacitación era importante y por lo tanto hubieran invertido toda la ganancia a obtener como resultado de la capacitación en la misma para lograr un mayor resultado. En ese caso tenemos que:

$$R = \frac{139.416.000.000 \times 1\%}{100} = 1.394.160.000$$

Hasta aquí todo igual, pero como la empresa en nuestra suposición quería invertir todo el dinero en capacitación, sucedería que :

$$ROTI = \frac{1.394.160.000}{1.394.160.000} \times 100 = 1$$

> ## Es decir que por cada peso invertido en capacitación se obtienen $1.- de Retorno de la Inversión!!!!

Supongamos ahora que la empresa hubiera decidido, por el contrario, invertir lo mínimo indispensable para capacitar a todo el personal, y ese mínimo hubiera sido $ 1. - ¿Qué hubiera pasado en este caso?:

$$ROTI = \frac{1.394.160.000}{1} \times 100 = 1.394.160.000\%$$

Si hiciésemos una sucesión de suposiciones los resultados serían los siguientes, los que resumo en un cuadro:

Inversión en capacitación	ROTI
$ 1,00	$ 1.394.160.000,00
$ 1.000,00	$ 1.394.160,00
$ 980.000,00	$ 1.422,61
$20.000.000,00	$ 69,71
$ 100.000.000,00	$ 13,94
$ 1.394.160.000,00	$ 1,00

¿Qué pasó?

El problema con el cálculo el ROTI es que se basa en una suposición difícilmente sostenible desde la lógica: la "X", es decir la incógnita a revelar, no es el retorno de la inversión que voy a lograr, si no cual es la "F", es decir el Factor de Formación.

Una vez que averigüé cual es la "F" obtendré un número que, mayor o menor, ya me anticipa cual será la ganancia a obtener, independientemente de lo que haga o no haga. Podríamos presuponer que si no hago nada, es decir Presupuesto de Formación "P" =0 no obtengo nada a cambio. Sin embargo vimos que si mi presupuesto es de $1 (evidentemente algo ridículo) mi Retorno de la Inversión será sencillamente gigantesco. Ahora bien, si decido gastar todo lo que obtendré como fruto de la capacitación en la capacitación, mi ROTI es igual a $ 1. -

No importa, en resumidas cuentas, lo que haga: el único factor diferencial es si hay o no capacitación, la que desde antes de hacerla he presupuesto cuanto me va a dejar. ¡Increíble paradoja, donde ya sé desde el principio cuánto voy a obtener!. Es decir un 1%, un 10% o un 70% de los resultados operativos. La única duda será esperar a que pase el año y saber cuales han sido esos resultados operativos, y de ahí deducir cuanto se debió a capacitación. Si soy la cigarra del cuento, y me pasé el año tocando el violín en vez de realizar las actividades de formación previstas mi resultado será el mismo (¡siempre y cuando hubiera gastado aunque más no sea $ 1. - en capacitación!) que si hubiese sido la hormiguita laboriosa, y hojita por hojita, o, mejor dicho, cursito por cursito hubiese gastado todo lo que iba a obtener en capacitación, con lo que hubiese conseguido ¡$ 1 por cada $ 1 invertido!.

Conclusión: Siguiendo el método del ROTI, hagamos como las cigarras, total es dinero seguro, siempre y cuando no haya pérdidas.

La otra posibilidad es suponer que el método mencionado no tiene bases sólidas, y buscar entonces una mejor comprobación de que la capacitación sí sirve. Sin embargo veremos en el capítulo siguiente que observando algunas cuestiones que hacen al método que nos indica el saber científico, quizás el ROTI pueda tener algún sentido. Pero previamente deberá pasar por el colador del método que a continuación paso a describir.

EL METODO CIENTIFICO:

No nos queda, entonces, más solución que apelar al "viejo" método hipotético deductivo. Quizás un atajo sea el considerar el COSTO DE OPORTUNIDAD, que según hemos visto resultaría de evaluar que pasaría si no hacemos determinada acción.

En este caso la NO ACCION se debería traducir en que no percibiremos lo que supusimos que habríamos percibido como resultado de la capacitación. Es decir que en el caso TRANSBANK habríamos perdido $ 1.394.160.000,00. ¿Cómo lo podemos comprobar?.

La única forma es que unos empleados no hagan lo que los otros sí hacen, o sea que se deberá establecer un "grupo de control", dejando que ellos hagan lo que nosotros sí haremos (por ejemplo no capacitándolos mientras a nosotros sí nos capacitan), así podremos medir cuál es LA DIFERENCIA ENTRE AMBOS GRUPOS.

En general las empresas no están muy dispuestas a realizar un experimento de este tipo. Sin embargo, comprobaremos en el caso MacBody, que veremos en el capítulo 9, cómo es posible aplicar el método científico.

SINTESIS DEL CAPITULO

La medición del Retorno de la Inversión en capacitación nos ha demostrado que está basada en una falacia, por lo que no es un método aplicable, sólo es una constatación A POSTERIORI de una suposición que hemos realizado. Si un ejecutivo de ENRON o empresas similares predice que las ganancias de las acciones de la empresa serán de tanto, y cobra por ello previamente, solo se confirmará su pronóstico cuando realmente las acciones hayan cumplido con ese pronóstico. El problema es que nuestro ejecutivo ya se ha llevado la plata. Algo parecido sucede con este cálculo, por el que hagamos lo que hagamos en capacitación la ganancia ya está predicha. Mientras tanto, nuestros proveedores ya facturaron y los capacitadores ya cobraron.

El COSTO DE OPORTUNIDAD, indudablemente y según la experiencia fáctica demostrada en ese caso es un indicador más confiable, pero la dificultad de su aplicación práctica nos lleva a pensar que sólo en mecanismos muy particulares podremos evaluar adecuadamente la contribución al negocio que hará la capacitación.

Aunque, para consolarnos, podemos decir que los demás sectores de las organizaciones tienen exactamente el mismo problema. De todas maneras, veremos en el capítulo 9 cómo en capacitación se dan casos donde es posible evaluar nuestra contribución económica al negocio, además de todas las demás contribuciones que realiza, aplicando la propuesta de evaluar desde AMBITOS.

CAPÍTULO 8

MÉTODO INTEGRAL DE EVALUACIÓN DE LA CAPACITACIÓN

MÉTODO INTEGRAL DE EVALUACIÓN DE LA CAPACITACIÓN

INTRODUCCIÓN

No existe un método mejor o peor que los otros, sino métodos con ventajas y desventajas, y dependerá de cada empresa y de cada sector de capacitación cuál quiera utilizar y la profundidad de análisis a la que quiera llegar.

Sin embargo me permito observar que, según lo establecido en el capítulo 2 del presente libro, la evaluación de la efectividad de la capacitación dependerá de lo que se haya definido al principio de la programación de la capacitación como objetivos a lograr. Teniendo este esquema realizado, la evaluación será la forma de corroborar si se ha arribado al objetivo propuesto. En el caso de que no se lo haya logrado, la incorporación de una herramienta como el Tablero de Comando nos permitirá ir corrigiendo los desvíos a tiempo, antes de llegar al fin del período prefigurado.

Sostengo que el mejor método es evaluar la mayor cantidad posible de elementos que influyen en el proceso de la capacitación y en su resultado, realizando esta evaluación una vez que terminemos cada una de las etapas del plan de capacitación. A esto lo llamo el Sistema o Método Integral de Medición de la Capacitación.

Pero éste no tiene NIVELES ya que el hablar de niveles como ocurre en el método de Kirkpatrick presupone una jerarquía por la cual las evaluaciones de niveles I serían más superficiales, mientras que las de nivel IV serían más profundas. Nada más lejos de la realidad de la práctica empresarial. Las evaluaciones se deben aplicar según la NECESIDAD analizada de la organización y su objetivo será auditar si se cumple con lo esperado. Esto es un principio demostrado en didáctica de la enseñanza (Camillioni, E. Lewin).

Que de esto, además se pueda deducir que contribuye a generar un valor agregado o un "plus" que la capacitación le da a las empresas, bienvenido sea. Pero esto se obtiene con evidencia experimental, y querer en cada caso volver a demostrar lo ya demostrado, es como realizar infinitamente el experimento de Arquímedes, y pasarnos el día en la bañera. Difícilmente el mundo podría haber avanzado mas allá de las leyes básicas de flotación de los cuerpos si le pidiéramos a la física lo mismo que se le pide a la capacitación de empresas.

Es por eso que agrego algún caso en que pretendo demostrar, en contante y sonante, que la capacitación aporta a la economía de la empresa y le hace ganar más.

Y me encantaría poder decir "que era lo que queríamos demostrar". Pero tampoco me hago falsas ilusiones y sé que a todos los que participamos y participaremos de este campo nos seguirán pidiendo "pruebas de amor" de nuestra razón de ser. Así que si este libro no logra convencer a gerentes, empresarios y/o inversores de por qué invertir en capacitación, intentaré darles alguna metodología como para poder hacerlo.

¿Por qué ámbitos?

Prefiero por lo explicado previamente no hablar de NIVELES sino de ÁMBITOS. Las ventajas de adoptar este término son las siguientes:

- Los niveles implican una jerarquía, los ámbitos no.

- Los ámbitos son interdependientes desde una perspectiva de sistemas.

- Podremos analizar cada ámbito por separado, sin necesidad de analizarlos a todos, según la necesidad que hayamos encontrado.

- El análisis de uno o más de los ámbitos implican diferentes fotografías del resultado de la capacitación. A más ámbitos, más completo el panorama.

Para dar aún mas razones de porqué hablar de ámbitos y no de niveles, invito al lector a pensar en los diferentes tipos de organización que puedan utilizar esta metodología. ¿A todos les sería aplicable la evaluación desde el nivel 1 al 4? Desde ya que no.

Imaginemos una organización dedicada a la capacitación exclusivamente. Seguramente los "niveles" de evaluación 1 y 2 le serán de utilidad, pero ¿de qué le servirán los niveles 3 y 4?. Su actividad termina cuando el capacitando se va. Claro, Ud. creerá que lo importante no es que venga si no que vuelva, y si lo aprendido no le sirvió no volverá nunca. Pero este planteamiento es de muy difícil concreción, salvo que dicha empresa de capacitación esté involucrada extensamente en cada una de las organizaciones para las que capacita a sus trabajadores, además de que debiera tener un amplio acceso a información interna de la empresa, y si los cursos son de libre concurrencia, a información de cada una de las empresas cuyos integrantes hayan participado de alguna actividad dada por esta sufrida organización. Indudablemente no funciona así.

Por otro lado hay empresas que al estar en un mercado muy fluctuante requieren una rápida respuesta a sus necesidades. Poco le importará si los participantes "la pasaron bien", si no que su criterio será saber si lo invertido en capacitación realmente se traduce en resultados en la aplicación cotidiana. Por lo tanto, la evaluación de los niveles 1 y 2 les es realmente insignificante.

Deseo recordar que la evaluación y su posterior análisis es tiempo (y dinero) que se le exige al sector de capacitación, por lo que espero que nunca nos pase que lo gastado en el análisis del resultado de la capacitación sea mayor que lo que hayamos ganado con la capacitación misma. Pero estoy seguro que esto nunca pasó, ni pasa, ni pasará.

MÉTODO INTEGRAL DE EVALUACIÓN DE LA CAPACITACIÓN.

Este método que propongo lo podría resumir en el siguiente cuadro, el que pasaré a explicar:

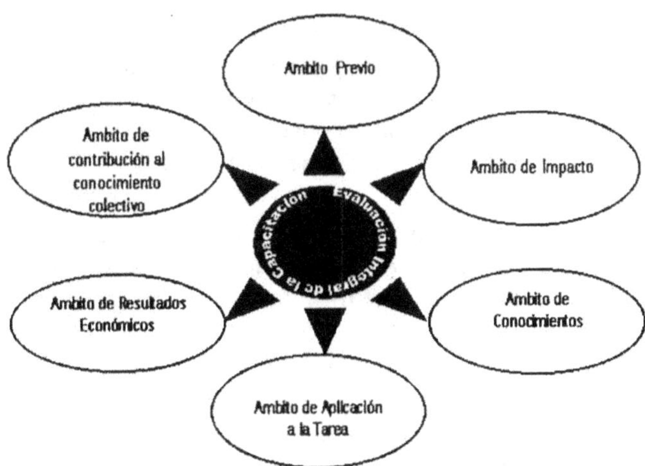

Ámbito Previo o Precapacitación

Este ámbito será donde evaluaremos el contexto dentro del cual se va a dar la capacitación y las características en las que se encuentra la organización y sus personas, previas al plan o programa de capacitación a dar. En este ámbito será de fundamental importancia fijar el A PRIORI de lo que queremos evaluar. Solo lo que es pactado con el cliente (interno o externo) PREVIAMENTE es válido a POSTERIORI. Esto quiere decir que de nada servirá querer evaluar un proceso si en el proceso mismo no hemos fijado previamente cuales serán los métodos y los criterios que utilizaremos para evaluar la efectividad de la actividad que proponemos. Hacer lo contrario sería poner el carro delante de los caballos, forma poco recomendable de avanzar en cualquier emprendimiento que nos propongamos en la vida.

Incluiremos en este ámbito:

1) *Evaluación de la organización y las fuerzas externas que influyen sobre la capacitación:* Según vimos en los capítulos 2 y 3, evaluaremos cuál es el ámbito macro y micro en que se mueve la empresa, que sobredeterminará la efectividad de nuestras acciones formativas. Esto se debe a que es fundamental saber en qué medio se está desempeñando la organización y sus características, ya que según vimos en dichos capítulos de ello dependerá la mayor o menor implicancia de las actividades de capacitación en el logro de los objetivos de la empresa.

Para ello propongo realizar lo siguiente:

a- Evaluar si nuestra empresa es Multinacional, Nacional, Grande (más de 200 empleados o más de $ 20 millones de facturación), Mediana (entre 50 a 200 empleados) o Pequeña (menos de 50 empleados). Esto nos permitirá deducir la cantidad de personas que participarán en la programación de actividades y el esfuerzo en tiempo y dinero a realizar, además de los recursos con los que contamos.

Ante una mayor masa de gente a capacitar, la contribución individual de la capacitación no es la misma que si la masa es menor, por ejemplo no implica el mismo impacto capacitar a 20 personas de una empresa PyMe de 50 personas que a 20 personas de una empresa Grande de 200. En el primer caso alcanzaremos al 40% del personal, mientras que en el segundo solo al 10%.

b- Evaluar qué tipo de capacidad de decisión tiene nuestra empresa: Para ello debemos saber en qué mercado nos movemos. Según lo visto si nuestra empresa es un Monopolio, la capacitación tendrá baja influencia sobre los resultados económicos. Pero ¿no capacitaremos por ello?. Si quien toma la decisión se fija nada mas que por el aporte monetario que realiza a la empresa la respuesta es obvia. Pero cuando empiecen los reclamos, las marchas de protesta, y hasta la "desobediencia civil" que algunas empresas monopólicas de varios países se han enfrentado debido a las quejas de los clientes/rehenes, quizás cambie el argumento en pro de empezar a "gastar" unos dineros en "eso".

Ahora si nuestra empresa es una más entre varios oferentes de un mismo producto o servicio, la capacitación tiene una altísima influencia sobre los resultados económicos, ya que es determinante en la satisfacción de un cliente con alta capacidad de elegir a una de muchas empresas de la competencia, por lo que invertir en actividades de capacitación debería ser lo obvio, pero, ¿lo es?.

Para medir esto el siguiente cuadro puede ser de utilidad:

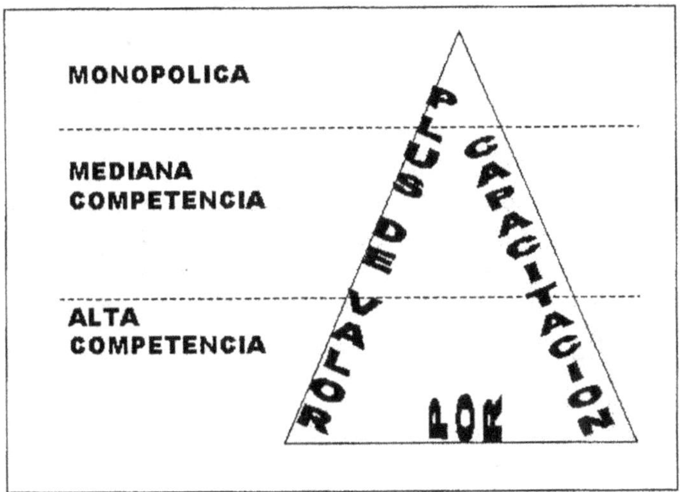

c- Crecimiento de la economía para ese año: Sobre la base de este indicador, también podremos sacar conclusiones provechosas sobre lo que esperaremos para el año en curso, según la implicancia del mercado interno o mundial en las ventas menores o mayores de la empresa, o en los ingresos que pueda obtener si es un organismo público.

d- Factores culturales, demográficos: Es importante para la decisión a tomar cuando analicemos las necesidades de capacitación. No todas las sociedades reponden de la misma forma a los mismos estímulos.

e- Injerencia de la capacitación con relación a los demás sectores de la empresa: En el esquema de Kirkpatrick, esto sólo se hacía en el nivel I. Por mi parte, en cambio propongo realizarlo en este ámbito, ya que la única forma de obtener resultados según lo previsto es si analizamos PREVIAMENTE todos los factores en juego que afectan la capacitación y sobre la base de ello realizamos un plan que auditaremos permanentemente.

2) *Detección de necesidades de capacitación:* Debido a que hay una amplia bibliografía sobre este tema, creo que no es necesario profundizarlo en este libro, pero sí es importante remarcar que debe entrar en este ámbito previo para obtener un panorama abarcativo y para poder realizar una evaluación sobre las necesidades que efectivamente se han solucionado.

3) *Evaluación previa de conocimientos de los participantes en la o las actividades:* En este punto se pueden realizar diversas acciones, desde las más clásicas, como ser una prueba previa de conocimientos, hasta más sofisticadas, incluyendo sistemas de "mystery shopper" o cliente fantasma, con grabación y cámara oculta o con planilla. Estas actividades implican que un evaluador visita o se contacta telefónicamente con el evaluado y siguiendo una serie de consignas va evaluando cuál es su nivel de conocimientos o capacidad de realizar la tarea. Esto puede inclusive filmarse. Se vuelca a planillas y se realiza una evaluación que puede contener puntaje. Este método ha sido muchas veces mal utilizado para detectar errores y con fines de premio-castigo. Es una lástima ya que termina convirtiendo un sistema que podría servir para el mejoramiento del trabajo de la gente en un sistema de vigilancia y castigo.

Ámbito de Impacto: Al finalizar la actividad puntual de capacitación, evaluaremos el efecto inmediato de la misma sobre sus participantes y la opinión de éstos con respecto a la actividad en sí. En el capítulo 6 hemos visto ejemplos de esta evaluación, y sus ventajas y desventajas. Deseo insistir en que este ámbito es el más "mediático" ya que la opinión de "¡qué buen curso!" la obtendremos (o no) inmediatamente al finalizar la actividad, lo que es indudablemente importante en forma especial para la autoestima del capacitador, y la posibilidad de obtener nuevos contratos de capacitación por recomendación de los asistentes.

Pero este ámbito es el que menos datos nos da sobre la efectividad de la capacitación, salvo cuando la capacitación es el fin "per se".

Ambito de conocimientos: A continuación de la actividad de capacitación o inclusive en el mismo momento, se podrá realizar una evaluación de los conocimientos aprendidos. La utilización de sistemas de evaluación más lúdicos tendrán la ventaja de realizar este proceso de una forma menos persecutoria. Hemos visto en el capítulo anterior varias formas de evaluar el impacto y este ámbito por lo que remito al lector al mismo.

A continuación se observa un ejemplo de una evaluación donde se utiliza un sistema de múltiples opciones, más conocido por su nombre en inglés "multiple-choice", el que consiste en seleccionar de entre todas las opciones la que considera el evaluado cómo la adecuada. La ventaja en relación con el sistema de preguntas abiertas es que en este caso se le da una orientación al evaluado sobre las posibles respuestas, por lo que se recurre menos a su capacidad de repetición y más a su memoria relacional:

EVALUACIÓN DE CONOCIMIENTOS

Participante(nombre, cargo)		Empresa
Lugar		Fecha: / /

PREGUNTAS:

1. Una forma de obtener nuevos productos es el desarrollo de ellos, el otro es por....

   a) adquisición ☐   b) compra de licencia ☐   c)franquicia ☐   d) royalty ☐

2. Una razón para el fracaso de nuevos productos es:

   a) mal realizado ☐   b) mal posicionado ☐   c) mal vendido ☐   d) mal percibido por los clientes ☐

3. Por nuevos productos nos referimos a:

a)	b)	c)	d)
-Productos innovadores -perfeccionamientos de productos existentes -Introducción de nuevos conceptos	-Productos originales -mejoramientos -modificaciones -nuevas marcas	-Productos novedosos -mejoramientos -desarrollo de productos	-Elaboraciones originales -mejoramientos -innovaciones -Nuevas denominaciones
☐	☐	☐	☐

4. El Desarrollo de la estrategia de marketing se basa en :

   a) una buena evaluación de las fortalezas y debilidades ☐   b) un concepto diferente ☐   c)una idea adecuada ☐   d) el concepto del producto ☐

5. Para analizar el CVP en un gráfico utilizaremos en un eje la variable tiempo y en el otro la variable....:

   a) Costos fijos y variables ☐   b) Market - share ☐   c) Ventas y utilidades ☐   d) % de compradores ☐

6) El empleo de intermediarios en la cadena de distribución es por:

   a) eficiencia ☐   b) eficacia ☐   c)efectividad ☐   d) economía de escala ☐

7) El canal de marketing indirecto es aquel que:

1) Contiene varios niveles de intermediarios	b) Contiene uno o más niveles de distribuidores	c) Contiene uno o más niveles de intermediarios	d) Contiene varios niveles de intermediarios
☐	☐	☐	☐

En el ejemplo siguiente se muestra un tablero utilizado para evaluar una capacitación dada a través de un sistema más lúdico que el tradicional formulario de evaluación:

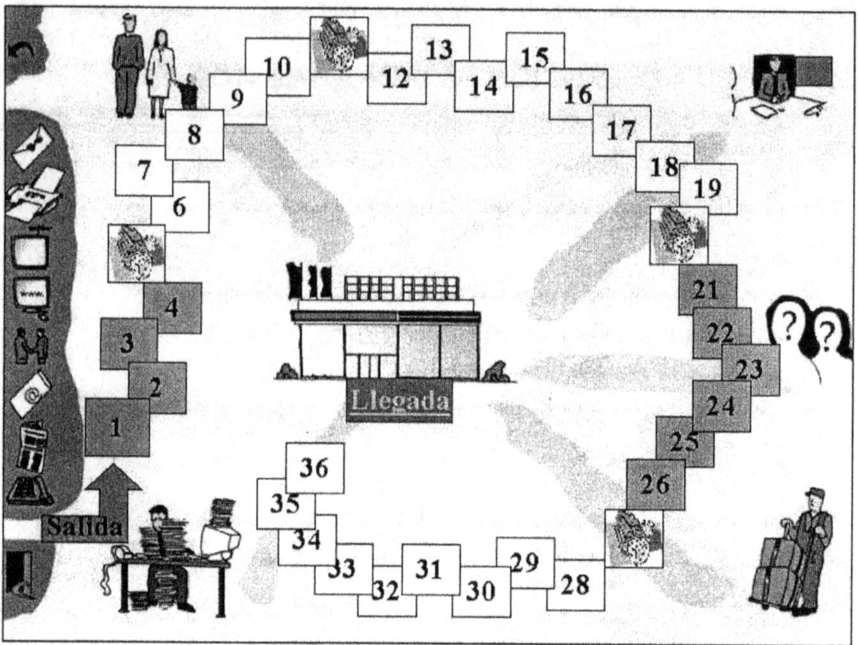

Se utiliza el juego cómo una forma de estimular la memoria a través de una actividad lúdica. Al ser generalmente en equipos, también se fomenta la actitud competitiva, y en algunos casos se pueden incorporar elementos para utilizar la cooperación como herramienta para llegar a un resultado.

Ámbito de Aplicación a la tarea: Apenas terminada la actividad es conveniente poner en práctica algún tipo de formulario de evaluación de Aplicación de lo aprendido en la tarea. Esto permitirá mejorar el desempeño en caso de encontrar que debe ser reforzada la capacitación, y además nos proporcionará elementos discriminados por actividad y su aporte individual para realizar la evaluación de desempeño anual. Otras fuentes a tener en cuenta serán las indirectas, como ser informes de auditoria, crecimiento o disminución de quejas al Centro de Atención al Cliente, crecimiento o disminución de fallas, etc.

A continuación se muestra un ejemplo de un tablero de comando, hecho sobre la base de la evaluación del personal de un sector y las necesidades de capacitación que se puede extraer del mismo:

NECESIDADES DE CAPACITACION:	socio	Dir.Proy.1,2,3	Dir.de Proy. 4,5,6	Dir. de Proy. 7,8,9	Gerente de Proyectos	Consultor Senior	Consultor Jr.
■ No Necesita.							
□ Necesita moderadamente							
■ Necesita Urgentemente . En caso de no producirse se deberá evaluar su desvinculación							
1-Perfil Actitudinal Afectivo	74%	88%	[illegible]	74%	81%	80%	97%
1-1 Habilidades de Plan.y Control	80%	84%	71%	80%	80%	77%	100%
1.1.1.Fijación de metas y Objetivos	8	8	7	8	8	8	10
1.1.2 Organización de Actividades. Priorización	8	9	7	8	8	7	10
1.1.3 Control de Gestión y avance del Proyecto	8	9	7	8	8	8	10
1.1.4 Comunicar resultados de Gestión	8	8	8	8	8	7	10
1-2 Personalidad	90%	77%	[illegible]	90%	77%	83%	94%
1-2-1 Iniciativa, proact, creat, y emprendedor	9	7	6	9	8	7	9
1-2-2 Persistente	9	8	7	9	7	7	10
1-2-3 Autónomo	9	8	6	9	9	8	10
1-2-4 Flexibilidad frente al cambio	9	9	7	9	8	9	10
1-2-5 Adaptabilidad a diferentes contextos	9	7	6	9	7	9	9
1-3 Habilidades de conducción	70%	98%	[illegible]	70%	84%		
1-3-1 Liderazgo, motivación, Coaching	7	10	5	7	9	no aplica	no aplica
1-3-2 Manejo de relaciones Interpersonales	7	10	5	7	9		
1-3-3 Trabajo en Equipo	7	10	6	7	9		
1-3-4 Comunicación (escucha actua)	7	9	5	7	9		
1-3-5 Delegación	7	10	6	7	8		
1-3-6 Independencia de criterio	7	9	4	7	7		
1-3-7 Eficacia, eficiencia y productividad	7	10	5	7	8		
1-3-8 Desarrollo de Personal, Mentoring	7	10	4	7	7		
1-4 Habilidades Gerenciales	[illegible]	93%	87%	[illegible]	81%		
1-4-1 Toma de decisiones	6	9	9	6	8	no aplica	no aplica
1-4-2 Ejecutividad	5	9	8	5	8		
1-4-3 Orientación a resultados	6	10	9	6	8		
1-4-4 Resolución de Problemas	5	9	9	5	8		
1-4-5 Implantar mejoras en producto	6	10	9	6	9		
2 Perfil Actitudinal Intelectual	95%	94%	76%	95%	100%	83%	93%
2-1 Nivel Intelectual	10	9	7	10	10	9	10
2-2 Aptitud teórica / Práctica	10	9	8	10	10	10	10
2-3 Actualización de Conocimientos	10	9	7	10	10	9	10
2-4 Sentido de Realidad	10	9	8	10	10	10	10
2-5 Imaginación / Creatividad	5	10	8	5	10	10	9
2-6 Capacidad de Análisis	10	10	8	10	10	10	8
3 Perfil Actitudinal Comercial	70%	[illegible]	[illegible]	70%	97%	[illegible]	[illegible]
3-1 Habilidad Comercial			4			4	
3-2 Visión del negocio			3			4	
3-3 Negociación			4			4	
3-4 Habilidades de Presentación			2			4	
3-5 Relación con Clientes			4			4	
Total	80%	83%	[illegible]	80%	93%	73%	84%

En este tablero se puede "leer" a través de un simple sistema de "semáforo" en qué indicadores las personas están fuertes, dónde necesitan reforzarse y dónde están en posición crítica y deben cambiar rápidamente.

Ámbito de resultados económicos: Obtendremos un aspecto completo de la efectividad de la capacitación cuando logremos elementos de análisis que conecten la capacitación empresarial con el resultado del negocio. Este es el único y verdadero reaseguro de que la tarea de capacitación contribuye realmente al éxito del negocio. El mejor método "científicamente" es el de "grupo testigo", pero la evaluación del retorno de la inversión o la aplicación de indicadores relevantes también es válida.

Este sería el verdadero resultado económico y la contribución que capacitación hace al negocio.

Además debemos calcular cuáles han sido los costos de la capacitación. Prefiero la palabra "inversión" a la de "gasto" en capacitación, pero debido a que quienes muchas veces evalúan este ítem son personal de las Gerencias de Finanzas, Administración o Control de Gestión nos cuesta ponernos de acuerdo con ellos en qué entendemos por este término los unos y los otros.

¿En qué columna ponemos capacitación?: Hace unos años cuando trabajaba como coordinador de capacitación de una empresa líder, un buen día la contadora de la empresa (¿por qué será que siempre uno se refiere a "la contadora" o a "el gerente"?) se acercó a mi escritorio y me preguntó por unas facturas.

Le expliqué de qué se trataban y mientras lo hacía ví que escribía los importes entre paréntesis. Si bien mis conocimientos contables eran bastante pobres me dí cuenta que los ponía como importe negativo. Le pregunté por qué lo hacía y me dijo: "porque son gastos".

Desde ese momento y hasta ahora siempre me quedó la duda: Las empresas dicen mucho que invierten en sus recursos humanos pero contabilizan la capacitación en el rubro "gastos". Yo siempre pensé que , ya que declaman que es una inversión ¿no habría otra forma, técnicamente posible, de poder consignarlo "en números positivos" en los balances?.

Así como cuando uno compra una PC lo pone como inversión, el curso que se le da al empleado para que use esa misma PC se lo imputa como gasto. Ya que me parece un despropósito y me intriga el tema recurrí a un contador para que me lo pudiera explicar.

Para ello consulté con Sergio O. García, decano de Ciencias Económicas de la Universidad del Salvador, quién me comentó que la idea de computar las inversiones (no los gastos) en capacitación y desarrollo de recursos humanos como un activo (inversión) y no como un gasto es buena. Pero los principios de contabilidad obligan a computarla como gasto. Las empresas lo ven como favorable porque lo deducen inmediatamente como tal en la liquidación del impuesto a las ganancias.

Sin embargo no todo está perdido ya que por otro lado existe una fuerte corriente de opinión que sostiene que deben ser tratados como una inversión (activo) e imputada eventualmente en el futuro a gastos. Esta idea es innovadora y tiene adeptos crecientes. Espero que esto tenga eco, ya que es una costumbre empresarial el llenarse la boca acerca de lo "fundamental" que son los Recursos Humanos en las Organizaciones, pero cuando de números se trata...ahí los ponemos en la columna de gastos.

Cómo calcular los costos invertidos en capacitación: Si bien entiendo la capacitación como una inversión hecha en "la gente", en algunos gastos debemos incurrir a fin de llevarla a buen puerto.

Inversión sin costo es una ventaja que sólo algunas empresas que viven de algunos estados pródigos pueden efectuar, a costa de todos los habitantes de dichos estados. Pero en una economía "sana" debemos entender que más allá de algunos "beneficios" impositivos o de planes de los gobiernos de turno la responsabilidad de poner en riesgo un capital debe ser de las empresas, con el motivo algunas veces inconfesado de lograr una ganancia (por eso se llama "inversión") que puede ser económica o social según la organización de la que estemos tratando (empresas, ONG´s, el mismo estado). Igualmente no nos hagamos muchas ilusiones: "no hay cena gratis" nos enseña un economista, y es a través de los impuestos, adelantos a cuenta, o "in extremis" confiscaciones bancarias, ahorros forzosos u otro invento de los gobiernos de turno como siempre los ciudadanos terminamos pagando estos "beneficios".

Para calcular los gastos en los que he incurrido, si no lo hace un departamento interno diferente al nuestro, a través de una sencila planilla podemos realizar las más diversas combinaciones necesarias.

Pondremos en una columna todo lo que hemos gastado en diversos ítems, según corresponda, como ser traslados de los participantes, hoteles, viáticos, alquiler del salón, honorarios de los instructores, jornadas caídas, etc.

En base a toda esta información tendremos un resultado que será el costo de lo invertido en capacitación, el que podremos comparar con la ganancia obtenida.

¿Tiramos el ROTI a la basura?: A pesar de todo lo que he expuesto anteriormente, sostengo que es factible de ser aplicado el sistema de evaluación del Retorno de la Inversión en Capacitación (ROTI) pero sólo cuando ya tengamos PREVIA EVIDENCIA CIENTIFICA. ¿A qué me refiero?: si podemos contar con mediciones hechas por el método científico explicado, entonces sí tendremos un punto de apoyo para poder comenzar a sostener con fundamento que la función capacitación aporta a nuestro negocio una suma o un porcentaje de ganancia. En este caso se podría hacer una "proyección" sobre la base de los resultados obtenidos previamente de cual será el aporte que la función realiza al negocio, la que debería estar sometida permanentemente a rectificación sobre la base de nueva evidencia científica que vaya surgiendo.

Ahora sí tendríamos un fundamento para realizar suposiciones válidas, las que se podrían extrapolar a otras empresas del mismo sector o afines, y por esto es de tan alta importancia haber definido los aspectos del negocio, como ser tamaño, concentración del mercado, factores geográficos y culturales, que a algunas personas puedan haberle sonado a poco razonable. Sólo teniendo esta información es que el ROTI puede llegar a tener alguna significación y fundamento.

Ámbito de contribución al saber colectivo: Este aspecto es hoy en día crucial en el resultado, y por otro lado es de difícil medición. ¿Cómo podemos lograr una medición del entrecruzamiento de conocimientos y de la utilización que la empresa le da al conocimiento generado internamente?.

Según lo estipulan M.Vazquez Mazzini y E.Gore *"la expresión 'aprendizaje colectivo' se compone de dos términos que es preciso definir. Definiremos "aprendizaje" como desarrollo de un desempeño competente en determinado contexto. El término 'colectivo' da cuenta de una unidad de análisis diferente de la individual; remite a grupos, equipos, comunidades o cualquier otro conjunto de individuos ligados por una historia, intereses comunes y un cierto grado de interacción".*

Hay mucho por investigar en este ámbito a fin de encontrar una medición efectiva del desempeño competente, y no sólo de los individuos, sino de la organización como un todo. A la espera de mayores aportes en este tema, propongo que una forma es el trabajar sobre los conocimientos inter-área de la empresa, evaluando cuánto saben del resto de la organización, de sus procesos y de sus desafíos los miembros de cada sector.

Algunos indicadores podrían ser el nivel de utilización de herramientas de difusión del conocimiento interno, como ser Intranet, o la tasa de uso, y su evaluación, de los programas de entrenamiento por e-learning. Existen diversas herramientas informáticas que nos permiten medir las visitas a determinadas páginas de un sitio de internet/intranet. Del resultado, que podrá ser muestral, podremos lograr una medida del conocimiento colectivo.

Gracias a la utilización de herramientas informáticas, todos estos ámbitos pueden perfectamente ser llevados adelante por las áreas de capacitación, y considero que es de suma importancia que lo realicen.

En lo capítulos siguientes me abocaré al estudio de casos que puedan ejemplificar los conceptos aquí vertidos y respaldar con experiencias que la capacitación agrega valor al negocio.

SINTESIS DEL CAPITULO:

El método integral de evaluación de la capacitación, o método por ámbitos, intenta mejorar el sistema de los cuatro niveles de Kirkpatrick. Esto se debe a que considerar niveles de evaluación de la capacitación no responde a una realidad de las empresas ni de la sociedad en las que se desenvuelven sino a una necesidad metodológica del capacitador/evaluador.

El método propuesto trata de respetar estas realidades y de abarcar todas las etapas del proceso de capacitación, proponiendo desde el principio y según el concepto de "auditoría de la capacitación" una respuesta acorde a las diferentes necesidades de las organizaciones.

Los ámbitos propuestos son los siguientes: Previo, Impacto, Conocimientos, Aplicación a la tarea, Resultados económicos, y Contribución al conocimiento colectivo.

Se me ha criticado que este método es más complejo que el de Kirkpatrick, ya que cuatro niveles es más sencillo de analizar que seis ámbitos, así que mejor sería quedarnos con el más sencillo para facilitar la tarea del área. Esta objeción me llevó a una profunda revisión del método que propongo, y llegué a la conclusión que no es una cuestión de más o menos ámbitos o niveles, sino de cuales son aplicables a la realidad de la práctica profesional. En resumidas cuentas, sostengo que son seis los ámbitos necesarios para abarcar la complejidad del tema. Si mi estimado lector quiere facilitarse las cosas, le diría que estaría actuando como el médico aquel, a quien se le murió el paciente porque por simplificar no le realizó todos los análisis correspondientes: "Y este del colesterol, para qué se lo voy a hacer, si es vegetariano". Lástima, hay causas genéticas.

Creo que, por el contrario, los seis ámbitos organizan mejor la actividad de medición de la efectividad en capacitación, ya que trabaja concretamente sobre los ámbitos reales en que se desarrolla la tarea de la capacitación empresaria.

CUADRO INTEGRADOR

Todos estos datos pertenecientes a los diferentes ámbitos podemos volcarlos en un cuadro integrador, el que puede muy bien ser manejado gracias a algún sistema informático de apoyo. Mi propuesta de cuadro podrá incorporar los siguientes elementos, aunque es sólo una sugerencia y recomiendo que cada profesional y/o cada organización arme el que le sea más conveniente, según su realidad.

Ambito	Indicador						Resultado
Previo o Precapacitación	**Tipo de empresa:**	Nacional Multinacional					
		Pequeña Mediana Grande					
		Nivel de los capacitandos (puntaje)					
		Monopolio Oligopolio Desregulada Libre Competencia					
	Factores económicos	Crecimiento previsto de la economía					
		Objeetivos de crecimiento de la empresa					
	Factores culturales/ demográficos	Composición del personal de la empresa:					
		Sexo	Edad	Distribución geográfica		nivel educativo	
	Detección de necesidades capacitación						
	Evaluación previa						
Impacto	Nombre Actividad	Mala	Regular	Buena	Muy Buena	Excelente	
Conocimientos	Actividad	Conocimientos logrados					

Aplicación a la tarea	Perfiles	% de cumplimiento con perfil deseado	Resultado
	Perfil Actitudinal Afectivo		
	Personalidad		
	Habilidades de conducción / operativas		
	Habilidades Gerenciales / de ejecución		
	Perfil Actitudinal Intelectual		
	Perfil Actitudinal Comercial		
	Total		

Resultados económicos	Aplicación de indicadores económicos	Resultados	Resultado
	Reducción del scrap		
	Indice de variación en Ventas		
	Productividad		
	Disminución de accidentes		
	Etc.		

Contribución al saber colectivo	Herramientas utilizadas	Grado de utilización	Resultado
	Conocimientos interárea		
	Intranet + obj de uso		
	e-learning		
	Knowledge management		
	Etc.		

CAPÍTULO 9

CASO MACBODY
CAPACITACIÓN PARA AUMENTAR LAS VENTAS

INTRODUCCION

La empresa del caso es del rubro textil, específicamente indumentaria, por lo que, como se explicó, es un mercado monopólico imperfecto. Es decir que la demanda será muy elástica, y dependerá en gran medida de la capacidad de los empleados, en este caso específico vendedores, el lograr los resultados.

DESCRIPCIÓN DE LA EMPRESA

Creaciones SILPA S.A. es una empresa argentina creada en 1979 con el objeto de fabricar y comercializar una línea de ropa para chicos de 0 a 16 años. En el momento de este trabajo contaba con una moderna planta de fabricación de una superficie de 4500 m2, dotada de tecnología de última generación, con una capacidad de producción de 1.500.000 prendas anuales.

En 1986 Creaciones SILPA S.A. crea la Marca MacBody, la misma que se comercializaba a través de una red de veintinueve locales, trece de los cuales eran propios y dieciséis exclusivos, a los que se suman los clientes multimarca. , que lleva a un total de más de 200 puntos de ventas.

Orígenes

Esta historia comienza en 1954 cuando Rubén Silberman ingresa como aprendiz en un taller como cortador de sus primeras piezas de ropa. En pocos años abre su primer taller para la confección de una línea de ropa interior, que tiempo después queda en el camino y se vuelca a la realización de indumentaria.

Hacia finales de 1979 funda Creaciones SILPA S.R.L. con su esposa e hijos La división del trabajo de este primer emprendimiento familiar surge sobre la base de las habilidades naturales de cada miembro. El padre sigue ejerciendo su oficio, mientras la madre continúa al frente del taller de confección y el hijo mayor, se ocupa del área administrativa. A principios de los años '80 los dos hermanos menores se incorporan al negocio familiar. El hermano menor, con gran instinto comercial logra multiplicar exponencialmente las ventas, mientras la hermana se dedica al diseño.

En 1986 deciden crear dos marcas propias, "MacBody" y "Remolacha", esta última una línea más económica. En ambos casos el canal mayorista es en ese momento la única forma de comercialización. El eslogan "hacia un mundo mejor" marca sus primeros pasos y el posterior crecimiento de la Marca.

Dentro del marco de las transformaciones de la década del '90, Creaciones SILPA S.R.L. inicia una etapa concentrada en la comercialización a mayoristas y grandes cadenas de consumo masivo. En la primavera de 1992, con el objetivo de llegar al comerciante minorista, inauguran un primer punto de venta en la calle Avellaneda de la ciudad de Buenos Aires. A partir del éxito de este local propio, en 1993 se abren dos más en las calles Paso y Corrientes, seguidos por un cuarto local en la misma zona. En octubre de 1995 abren en Alto Avellaneda Shopping Mall el local minorista, y en 1996 establecen otro en la Avenida Cabildo.

Cambio en la política comercial. El giro más importante del negocio es la decisión estratégica de cerrar el canal de distribución a grandes cadenas y ampliar la cadena de locales de venta directa al público. Esto se debe a que las grandes cadenas, particularmente hipermercados y grandes tiendas, fijan el precio de los productos arbitrariamente, desde su posición dominante en la cadena de distribución, lo que hace que no se pueda competir en términos de libre competencia relativa –monopolio imperfecto- sino que se debe aceptar un precio impuesto y adecuar los costos al mismo.

Hacia fines de 1997 comienza una etapa de expansión de locales en grandes Centros Comerciales, ubicados en Ciudad de Buenos Aires, Gran Buenos Aires y el interior del país.

Como testimonio del crecimiento de la Firma se inaugura a principios de mayo de 1999 una Nueva Planta Modelo.

Síntoma de este crecimiento fue la idea de profesionalizar las áreas de la empresa, creando nuevas gerencias, entre ellas la de Recursos Humanos. Esta tenía la misión de tornar más competitivos al personal de la firma, implementando nuevos modelos de selección más orientados a la detección del potencial y al establecimiento de las competencias necesarias para los diferentes sectores; la capacitación como estrategia central en el cambio del perfil de los recursos humanos, el desarrollo con su correspondiente plan de carrera, y el mejoramiento de las comunicaciones internas a través de un estilo más cercano a la gente por el cual se pudiera llegar con el mensaje de la empresa a todos los participantes, inclusive terceros y franquiciados. El definir una identidad propia debía ser parte tanto de la imagen del local como de la imagen del personal, por lo que era fundamental trabajar sobre procedimientos y cambios actitudinales que estandarizaran el trabajo, sin perder la espontaneidad ni la creatividad.

Los años posteriores a la realización de este trabajo trajeron nuevas dificultades traducidas en problemas financieros crecientes, los que obligaron a realizar fuertes reducciones de personal, entre ellas eliminar la gerencia de RRHH, tercerizar tareas y realizar cierres de locales.

LA MARCA MACBODY

La Marca MacBody nace en 1986 y sus creadores intentaron que desde sus orígenes estuviera signada por valores de alto contenido humano. Desde entonces ha ido evolucionando hasta lo que es hoy: una colección que abarca la totalidad del vestuario para chicos de 0 a 16 años, con presencia en los principales Centros de Compra. MacBody intenta ser mucho más que una línea completa de ropa para chicos: pretende ser un sistema de trabajo que, en forma continua, busca dar soluciones a las necesidades de los clientes. Desde el momento mismo de la concepción de la Colección y todo el desarrollo del producto, hasta en el modo en que se atiende a cada cliente.

Desde el concepto de monopolio imperfecto MacBody tiene una propuesta de moda para chicos, diferenciada por el máximo cuidado en los detalles y la alta calidad. El acento está puesto en la creación de una Colección de ropa "canchera" y moderna, a diferencia de la competencia, que propicia otros valores.

Los Productos

La Colección abarca desde el niño recién nacido hasta el adolescente de 16 años (Junior) y está compuesta por más de trescientos artículos, con una amplia variedad de modelos, telas y colores.

Los productos comercializados incluyen: jardineros, pantalones, shorts, bermudas, jumpers, polleras, camisas, blusas, ropa de dormir, ropa interior, buzos, remeras, calzados, trajes de baño, y accesorios: gorros, cinturones, medias, etc.

Estrategia de diferenciación de MacBody

Sobre la base de la fuerte competencia que existe en este mercado, MacBody intentó crear un estilo de moda diferente para los chicos del nuevo milenio.

Para ello tomó como motivos diferenciadores el compromiso con el cliente y el alto valor por la relación Marca – Calidad – Precio, la atención humana que garantiza la satisfacción del cliente por la cordialidad y el interés. Para lograr esto se propuso convertir cada visita del cliente en una experiencia positiva. Además de ofrecer una amplia variedad de prendas, telas, colores y talles.

La empresa se planteó como objetivo prioritario el superar constantemente las expectativas de sus clientes, quienes dan sentido a su accionar. Para ello pretendía ser reconocida como una empresa orientada hacia el cliente que sobresaliese por encima de sus competidores por la calidad de sus productos y servicios.

Visión y Misión de MacBody

La empresa decidió plantearse la siguiente Visión:

**"Aspiramos a ser una marca de indumentaria
para chicos, con estilo propio y fuerte
presencia a nivel nacional e internacional".**

Es importante tener en cuenta los valores, misión y visión que se propone una empresa, ya que es cómo la misma desearía ser y cuál es el horizonte que se desea alcanzar. Después de la comparación con la realidad surgirá la verdadera dimensión de lo conseguido.

Los valores que se impulsaban eran:

- "Superar las Expectativas de nuestros Clientes con una línea completa de ropa para chicos que se ajuste a sus necesidades de vestuario, a un precio atractivo, y con un servicio excepcional."

- "Motivar y Comprometer a nuestros Colaboradores a través de un clima de trabajo agradable y desafiante".

- "Considerar que las personas constituyen el recurso diferencial de la firma".

- "Obtener el mejor Servicio de nuestros Proveedores a través de relaciones comerciales mutuamente beneficiosas basadas en la confianza y en la previsibilidad".

- "Asesorar a la red de Locales Exclusivos y Multimarcas con know-how para trabajar bajo un único sistema que garantice el éxito y el beneficio recíproco".

- "Aportar a la Comunidad en la que estamos insertos porque creemos que para operar no se pueden ignorar las expectativas de la comunidad".

- "Nuestra gestión debe conjugar el éxito económico y la construcción de una mejor sociedad."

La Organización

La estructura de la Empresa estaba compuesta por tres Direcciones: de Producto, de Comercialización y de Administración y Finanzas, al servicio de las estrategias del negocio y buscaba facilitar procesos de gestión ágiles y flexibles.

En la época de este estudio la Empresa contaba con un plantel de más de doscientas diez personas que desarrollaban tareas en los Sectores de Administración, Sistemas, Producción, Logística, RRHH y Comercialización, y en los locales propios.

El perfil de los recursos humanos de la empresa

La empresa se propuso una serie de competencias que deberían poseer sus colaboradores. Como en el caso de Misión, Visión y Valores, esto es un ideal al cual la empresa quería llegar con relación a sus recursos humanos.

Las competencias que definieron fueron:

- **Integridad Personal:** honestidad y voluntad de enfrentar cada situación con la verdad. Es esencial ser leal a uno mismo, a los colegas, a la empresa y a los clientes.

- **Compromiso y Superación:** Aceptar y asumir responsabilidades. Comprometerse a realizar y superar aquello que les corresponde por sus tareas. Poner en juego todos sus talentos. Esforzarse para marcar una diferencia. Imponerse sus desafíos.

- **Esfuerzo y Perseverancia:** Esperar e insistir en el trabajo duro. Creer que la autorrealización se halla en los logros que implica la voluntad de hacer todo lo necesario para que el trabajo se realice, y bien.

- **Trabajo en Equipo:** Trabajar juntos como una familia y los logros personales de cada uno de quienes trabajan en la Empresa serán medidos en términos de la contribución que hacen al esfuerzo común. Respetar a todos por igual y esforzarse en ser positivo en sus puntos de vista y comentarios.

- **Buen Juicio y Criterio:** Conocer e informarse continuamente sobre la Firma, sus productos y el sector del mercado donde operan para poder brindar juicios y apreciaciones acertadas sobre los temas de su competencia.

- **Iniciativa y Aprendizaje Continuo:** Aceptar la responsabilidad por las propias acciones, aprender de los errores y esforzarse por no repetirlos en el futuro. Tomar la iniciativa para aprender cómo hacer mejor el propio trabajo y hacer sugerencias para la mejora continua.

Ventajas de Trabajar en MacBody. ¿Qué es lo que la empresa consideraba cómo motivo diferenciador para desear trabajar con ellos?. Se puede utilizar el concepto de "empleador de preferencia" para definir aquello que hace que un potencial empleado quiera trabajar para determinado empleador. En este caso se planteaban las siguientes ventajas de trabajar en esta empresa:

- "Tenemos vocación de crecimiento y expansión."
- "Sabemos a dónde vamos".
- "Promovemos la participación y la delegación".
- "Ponemos énfasis en el desarrollo de los Recursos Humanos y su capacitación".
- "Intentamos crear un buen clima laboral".
- "Damos seguridad laboral y posibilidades de crecimiento dentro de la empresa".
- "Creemos en la comunicación abierta y oportuna".
- "Sabemos que cada colaborador es un socio clave que nos ayuda a construir el Buen Nombre de MacBody".
- "Nos prestigia trabajar aquí".

El canal de comercialización

Los locales son un canal de comercialización y de servicio y el punto de mayor contacto humano con el cliente. Brindan la mayor oportunidad de ventas e información. Resultan insustituibles en el enfoque de presencia, información e imagen de MacBody en cada visita del cliente. Son una síntesis del esfuerzo y la dedicación de cientos de personas comprometidas con una propuesta de calidad. En la época de este estudio contaban con una red de catorce locales propios y dieciséis exclusivos a los que se suma una amplia red de clientes multimarca ubicados en los principales centros urbanos de la Capital Federal, Gran Buenos Aires y el interior del país.

Se ponía especial énfasis en la Imagen de Marca. Un Equipo de Diseño era responsable de definir la Identidad de Marca y su aplicación coherente y sistemática en toda la Red de Locales. Cada Local debía ser reconocido como parte de un todo, que era la Marca MacBody. Por esto se cuidan todos los detalles, tanto la vidriera como su interior, hasta la forma especial en que se atendía a cada cliente.

En el interior de los Locales la ubicación de las prendas tenía su razón de ser: facilitar la visión al cliente y su decisión de compra. Se cuidaban todos los detalles, desde cómo exhibir los productos, la ambientación, la decoración, la iluminación y la temperatura, hasta la forma en que se colocaban los precios.

Las expectativas de MacBody en cuanto a resultados del Local se basaba en aumentar la facturación y la base de clientes. Lograr una alta Satisfacción del Cliente por atención, conocimiento del producto y garantías que daba la Empresa y generar una alta aceptación de su Línea de Productos. Llegar a una virtual inexistencia de errores. Moverse en un clima positivo de trabajo en equipo. Cumplir los Procedimientos y los Estándares de Calidad, Optimizar de los recursos y lograr un buen gerenciamiento del Local.

En cuanto al rol de los colaboradores dentro del Local las expectativas eran: conocer la propia tarea como una pieza clave que contribuía al crecimiento del Sector y de MacBody en general. Esta firma era el resultado del correcto funcionamiento de los distintos Sectores.

Para ello debían conocer las tareas, así mejorarían el desempeño del local y de la Firma para optimizar los resultados específicos del Sector y los generales de MacBody. Cada colaborador necesitaba contar con información clara sobre aspectos ligados a su trabajo: para qué estaba allí, qué debía hacer, cómo se distribuían las tareas, qué se esperaba de él, y hasta dónde llegaban sus responsabilidades.

Para hacer que cada visita del Cliente fuera una experiencia positiva, el vendedor nunca debía olvidar su rol dentro del Equipo y de la Empresa.

Estado del sector comercial al momento del estudio

Luego del relevamiento del sector comercial, se encontró el siguiente estado, según los diferentes aspectos que componían al sector:

Estructura de las sucursales:

Las sucursales al inicio del trabajo tenían una encargada, una subencargada, y un número de vendedoras que variaba según la ubicación y las dimensiones del local

Perfiles y desempeño del personal de conducción: Las Encargadas tenían diversa antigüedad, con un promedio de 1,3 años. La mayoría de ellas habían surgido de búsquedas externas, por lo que se evidenciaba un bajísimo desarrollo de carrera. No todas habían alcanzado el perfil adecuado para la función, entendido este por el deseado por la empresa. Las subencargadas eran ex vendedoras que surgieron de los locales, pero que no tenían aún las competencias para ser encargadas, ya que su perfil era más cercano al de las vendedoras.

Empleados: Las vendedoras (en su gran mayoría mujeres) evidenciaban un perfil muy infantil. Tenían un buen nivel comunicativo hacia el público, en general empatizaban muy adecuadamente, pero les faltaba agresividad en la venta y potencialidad para desarrollarse en cargos de mayor jerarquía.

Dentro de los vendedores se identificaron los siguientes grupos:

- *Vendedores con potencial:* En algunas sucursales se destacaban grupos con el perfil buscado por la empresa y en otras eran individualidades que sobresalían de cierta mediocridad general. Los de las sucursales con mejor nivel no disminuyeron su desempeño con el tiempo, y en algunos casos lo incrementaron. En general estas sucursales tenían buenas conductoras y sus grupos eran más homogéneos.

- *Vendedores con antigüedad media (6 meses a 2 años):* En muchos casos no estaban rindiendo adecuadamente. Sus principales causas eran la falta de motivación con la empresa, estancamiento y falta de percepción de perspectivas de crecimiento. Los cambios de horario influían también en este grupo, en algunos casos por razones de estudio y en otros como un motivo más de queja. Siguiendo la escala de necesidades de Maslow, en estos casos ya habían cubierto sus necesidades básicas, por lo que las necesidades subsiguientes que tienen que ver con el desarrollo personal no se estaban cumpliendo, y muy posiblemente este era el motivo principal del estancamiento.

- *Ingresantes:* por mejora del perfil, tenían significativamente en muchos casos un desempeño superior al grupo anterior, medido en cantidad de ventas. El riesgo era al "contagio" con las que ya estaban o que una vez superadas sus necesidades básicas insatisfechas no encontraran nuevos motivos para continuar con su desempeño superior al no brindarle oportunidades la empresa.

Motivación:

Difería de forma marcada entre los diversos locales. Los factores encontrados se agrupaban en:

- *Desempeño del local:* en general en aquellos que alcanzaban los objetivos se encontraba mayor motivación que en los que no.

- *Consolidación del grupo interno:* algunas veces esto se daba en contra de la Empresa, generándose situaciones de gente plenamente identificada con su grupo pero no con la misma. Esto ocasionaba que el personal no aceptara cambios de sucursales o que su objetivo fuera externo. Lo vivían cómo "nosotros vs. la empresa".

- *Capacidad de las encargadas/subencargadas:* Solía ser un factor diferencial en la motivación de los grupos.

- *Influencia de Director comercial/ supervisor de locales en la motivación:* Debido a una fuerte personalidad, especialmente del Director Comercial, tenían un alto poder sobre el estado anímico de los locales y en el desempeño. Podían motivar a un equipo con un elogio bien dirigido, o aplastarlo anímicamente con críticas, algunas veces muy duras.

Proceso de Selección:

Lo realizaba el Supervisor de Locales y, en algunas ocasiones, el Director comercial. También solían participar algunas encargadas, tomando personal para sus locales.

No había fijación de dotaciones adecuadas para cada sector de trabajo, ni una descripción de perfiles o competencias para cada puesto.

Incentivos y remuneraciones:

La política era el pago según remuneración de convenio, fijada por ley. En cuanto a premios, se daban de forma discrecional. Faltaba una decisión de base para cambiar el sistema de remuneraciones que estipulase si los premios debían ser individuales o grupales. En general los vendedores preferían premios grupales, aunque reconocían que debía haber algún tipo de diferenciación por desempeño alto, ligada más que nada a quienes tenían desempeño o no eran buenos compañeros: "solo hay premios, pero no castigos": Esto generaba la idea de que alguien trabajando a menos podía permanecer en la Empresa siempre y cuando su comportamiento fuera correcto.

Los planes de incentivos estaban hechos sobre estos dos ejes (premios individuales o grupales). Se organizó un premio individual que consistía en viajes, el primero de los cuales fue a Brasil para los que habían alcanzado un objetivo durante el transcurso de un mes. En esa experiencia funcionó un efecto de "compañerismo" grupal por el que dentro de algunos locales tendieron a reforzar el desempeño de los que tuvieran más posibilidades de llegar a ganarse el premio, adjudicándole las ventas, inclusive con la complicidad del personal de conducción del local.

Capacitación:

Faltaba realizar mucho en ese sentido. La capacitación recibida había consistido en cursos organizados por la Empresa, pero sin un Plan de desarrollo.

Se habían hecho priorizando la necesidad más urgente.

Los cursos habían tenido un fuerte impacto en el ámbito de reconocimiento y contención, no así en el ámbito de conocimientos efectivos ni de mejora del desempeño. Muchas veces obedecían más a bajar un mensaje del director comercial, quien solía participar en estas actividades, reaccionando en algunos casos de modo intempestivo cuando consideraba que los participantes no daban las respuestas correctas.

Plan de acción

Sobre la base de este diagnóstico se realizó un plan de acción, el cual incorporaba todas las funciones del sector.

Objetivos generales

Se definieron en consecuencia con los objetivos de la empresa y quedaron definidos como:

- Motivar y comprometer a todos los colaboradores.
- Mejorar el clima de trabajo.
- Mejorar las capacidades y habilidades generales para superar las expectativas de los clientes.
- Lograr mayor autonomía y empowerment para que asuman los desafíos y sean el recurso diferenciador.
- Aumentar el sentimiento de pertenencia hacia la Empresa.
- Generar una carrera competitiva, exigente y atrayente para que vinculen su progreso con el de la Empresa.
- Jerarquizar las funciones de la carrera (lo que no necesariamente implicaba aumentar sueldos) para lograr mayor involucramiento y que sea más atrayente en el mercado.
- Incluir a las FRANQUICIAS dentro de este esquema. Que no

hubiera diferencia entre los locales de MacBody en la atención y trato y en la motivación del personal, la que se reflejaba en cómo se trata al cliente, independientemente de si era propio o de franquiciado, lo que debía figurar en los contratos de franquicia

Dotaciones. Se fijaron las dotaciones de acuerdo a un índice que se lo consideraba como INDICE BASE sobre el cual se calcularían los incrementos de dotación (head count) asignada según proyecciones o expectativas de crecimiento de venta. A esto se le agregaría un estudio de la carga horaria para determinar la mejor forma de cubrir las dotaciones de acuerdo a la concurrencia de clientes al local.

Asignación de horarios y objetivos

Se proponía delegar más en las gerentes de locales la tarea de asignación de horarios, cubriendo siempre el mínimo exigido. Para esto el sistema a utilizar era el de "cuenta corriente de horas", por lo cual se trabajaría con un crédito de horas asignadas al personal, 48 horas semanales según la legislación argentina, las que se irían "consumiendo" según las necesidades operativas del local. A fin de mes se establecerían los créditos (horas sin cumplir) o saldos (horas cumplidas de más) a los efectos de la liquidación de sueldos. De esta forma se optimizarían los recursos y bien manejado se reduciría la masa salarial fija transformándola en variable.

También se proponía la participación de todos los empleados en la FIJACION DE LOS OBJETIVOS COMERCIALES DE LOS LOCALES, con el fin de que se comprometieran más con su resultado y lo sintieran como propio, antes que algo impuesto que poco tiene que ver con su involucramiento:

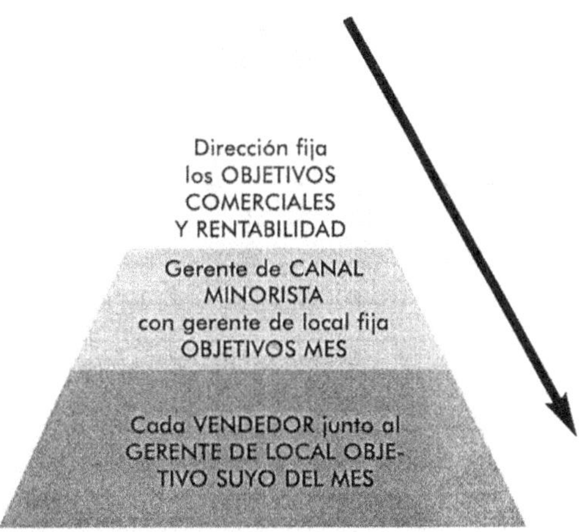

Cambios en la política de Selección

A partir de estos cambios se decidió modificar el proceso de selección, definiendo las competencias necesarias para cada puesto y el estilo de avisos y de canales de captación de potencial. Todo proceso de ingreso tendría una serie de procedimientos destinados a conseguir los mejores recursos humanos para las tareas que se necesitaban y con potencial para su crecimiento dentro de la Empresa.

Todos los meses se establecía un proceso determinado de ingresantes para asistentes de ventas, teniendo en cuenta la rotación normal y los planes de crecimiento previstos.

Inducción

Todo ingresante pasaba a tener un período de capacitación previo a su incorporación al lugar de trabajo. Este período también servía de prueba, a fin de no enviar a locales a personas que no cumplieran con las expectativas y que se pudieran haber filtrado del exhaustivo proceso de selección. Se aprovechaba también este período para realizar todos los trámites administrativos que hasta ese momento se hacían en el local.

El proceso de inducción para ASISTENTES DE VENTA era el siguiente:

Día 1° al 15°: Búsqueda y selección de Asistentes de ventas (fijo todos los meses – según rotación histórica – 5 /7 personas por mes (al momento de implementar el sistema).
PREVIO A QUE SE PRODUZCA LA VACANTE Y PREVINIENDO.
Se sumarán los ingresantes por apertura de nuevos locales.

DÍA	ACTIVIDAD
1er día (día 16°)	Bienvenida - Historia de la Empresa -Filosofía - Visión - Misión- Valores - Recorrida por planta - Atención al cliente
2do día	Producto: Características técnicas textiles.
3er día	Colección actual. Características. Imagen .
4to día	Técnicas de ventas 1
5to.día	Técnicas de ventas 2.
6°	Examen - asignación de destino
7°	Local - capacitación en la práctica
8°	Local - capacitación en la práctica
9°	Local - capacitación en la práctica
10°	Local - capacitación en la práctica - Evaluación del encargado
45°	1era evaluación con comunicación al evaluado para que ajuste su desempeño. Recapacitación
75°	2da evaluación sin comunicación al evaluado
90°	Aprobación del período de evaluación - confirmación y pase a contrato a tiempo indeterminado por fin de período de prueba

Plan de carrera y capacitación:

Toda persona que ingresara a la Empresa o que ya fuera miembro de ella debería saber que TENIA UNA CARRERA POR DELANTE y que su único límite estaba puesto por su propia capacidad y por el crecimiento de la Empresa, directamente ligado lo uno con lo otro.

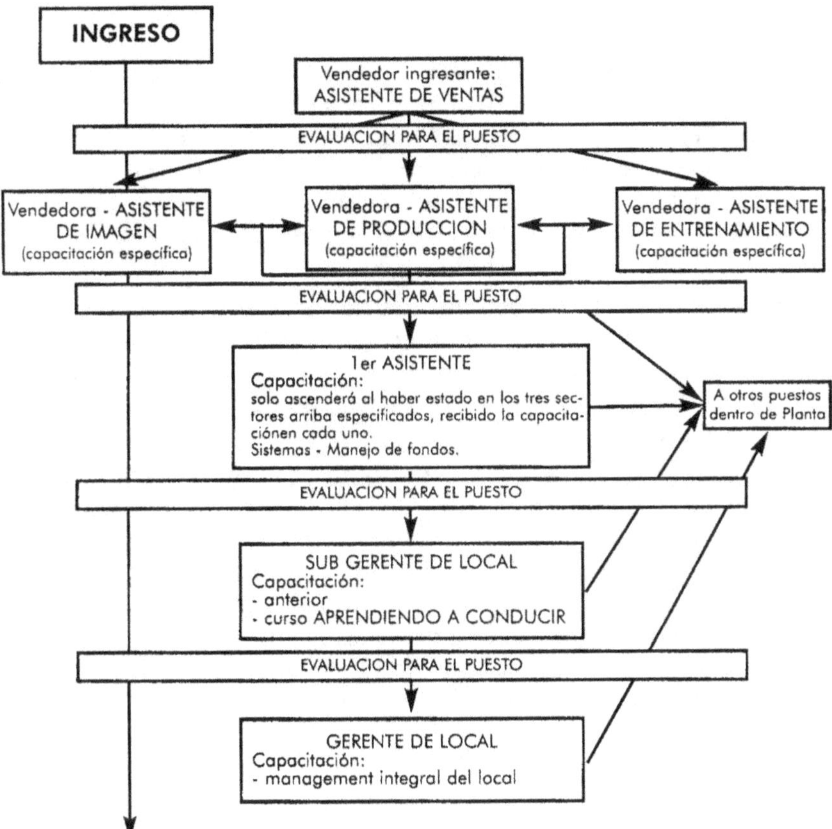

De parte de la Empresa se estipulaba que debía darle DESAFIOS que fueran atrayentes ("empleador de preferencia") en el ámbito del mercado. Por eso se propuso una reorganización de la carrera comercial, según el gráfico que se muestra arriba, y que implicaba incorporar puestos, objetivos a cumplir, evaluación de los mismos, capacitación y método de ascenso dentro del plan de desarrollo realizado para la compañía.

Aplicación de la nueva modalidad y evaluación por grupo testigo.

Se tuvo la oportunidad de aplicar y evaluar el nuevo esquema de desarrollo de Recursos Humanos por la apertura de una sucursal en la ciudad de Mar del Plata, localidad distante 400 km. de la Ciudad de Buenos Aires.

Este caso resulta paradigmático, ya que se daban todos los elementos como para poner a prueba el esquema propuesto y poder evaluar según los resultados que se dieran.

Existía una primera sucursal en esta ciudad, ubicada en una avenida que constituía un verdadero "paseo de compras". Esta sucursal tenía un pobre rendimiento: el personal del local había sido seleccionado según el esquema anterior a las modificaciones propuestas, no había recibido capacitación, sólo la de la experiencia misma, la que había sido dada a través de una persona de Casa Central que había estado destinada durante tres meses para la apertura del local.

Esta persona provenía del área mayorista de ventas y no de locales, en los que había estado por un período corto cuando había ingresado a la empresa. Se la había seleccionado para esta responsabilidad debido a una visión subjetiva del director comercial, que ponderaba su "fortaleza de carácter" y con quien tenía un fluido trato.

Una vez que la persona destinada a la ciudad había vuelto a la casa central de la empresa, no se pudo conseguir nadie que se quedara a cargo del local por un tiempo prolongado por lo que nunca se había podido tener una encargada de local estable, debido a los errores de selección y por el difícil seguimiento debido a la distancia. Una de las vendedoras, con mayor predisposición personal y ambición, había tomado de hecho la conducción informal del local, pero no se la había preparado para esta responsabilidad ni se la había confirmado en el cargo, lo que era fuente de numerosas dificultades. Tenía una natural inclinación a las actividades administrativas y de control del local. En este aspecto es de destacar que era uno de los locales con mejor nivel de confiabilidad en auditorias, aunque por su ubicación física no se justificaba su pobre desempeño en ventas, ya que un local de similares características en Buenos Aires lideraba las ventas, por lo que se estimaba que proporcionalmente su potencial era muy superior.

El nuevo Local. Para la apertura de la segunda sucursal en la ciudad, la que se ubicaría en una avenida "de moda", se acondicionó un local en una inmejorable ubicación. Se lo instaló con una excelente ambientación dentro de las normas de imagen de la empresa. Estaba físicamente en una esquina y asemejaba un "chalet" construido con la piedra típica de la zona, con una gran superficie vidriada y diferentes niveles, que le otorgaban un carácter muy ameno y agradable para observar o para entrar en él.

En este caso se debía seleccionar a toda la dotación del local, y no había disponible ninguna persona, a criterio de la dirección comercial, que pudiera ser trasladada a hacerse cargo de la conducción del mismo. Como se estaba en el inicio de la nueva modalidad de manejo de recursos humanos, se entendía que aún no se había tenido tiempo suficiente para desarrollar cuadros con potencial para desarrollarse internamente.

Por lo tanto se realizó la selección de las futuras gerente y subgerente del local, con todas las exigencias previstas: entrevistas, evaluación según competencias, toma de test de aptitudes y de personalidad, evaluación y selección final a través de un comité conformado por dirección comercial, gerencia de locales y recursos humanos.

Una vez seleccionadas fueron destinadas a capacitarse en Buenos Aires, donde se les asignó una tutora que era una gerente de local que pasaba a realizar funciones en capacitación de recursos humanos, junto con el gerente del sector. Se les proporcionó una formación integral de un mes de duración, consistente en cursos de conocimiento de la empresa, de productos, imagen y diseño de locales, técnicas de ventas retail y conducción de recursos humanos. A la par realizaron un "stage" en un local de la empresa de características similares al que se iba a abrir, donde la última semana quedaron a cargo del mismo. Se decidió que la candidata a subgerente no prosiguiera al finalizar la capacitación ya que no se evaluó positivamente su desempeño.

Durante las últimas dos semanas de capacitación de la gerente y subgerente, se terminó de seleccionar a las asistentes de ventas, a través de un proceso similar. Se seleccionó a cinco asistentes, previendo la necesidad de reforzar el local ya existente en Mar del Plata, participando de la decisión final la candidata a gerente que ya estaba terminando su formación. Esto se hizo con la finalidad de que tuviera injerencia en la elección de las candidatas según un perfil con el que ella sintiera que pudieran trabajar en conjunto, y por otro lado para que generaran un vínculo de confianza mutua y de relación jerárquica con ella.

Las vendedoras seleccionadas participaron del proceso de inducción y formación, coincidiendo con el de otros ingresantes de tres franquicias del interior quienes iban a recibir la misma formación que el personal de la empresa. Siguieron el esquema que se mostró en el cuadro de sistema de inducción y desarrollo de ingresantes, y terminaron formándose también en el local que previamente se comentó.

Una semana antes de la apertura del local, intervinieron en la puesta a punto del mismo, terminando de acondicionarlo y realizando simulacros de apertura y cierre de los sistemas administrativos, a fin de tener todo listo para la apertura.

La inauguración

El día de la inauguración había llegado, y el nuevo equipo, con el local reluciente, con sus uniformes y su identificación, y con sus deseos de éxitos, abrieron al público. Se decidió nombrar como subgerente a una de las asistentes que mayores aptitudes y potencial había demostrado, tanto en las entrevistas y pruebas psicotécnicas como durante el período de formación.

Participaron de la apertura el director comercial y el gerente de locales, quienes se quedaron durante las primeras 24 hs., las que fueron plenamente exitosas. Sin embargo, se confiaron de estos resultados y volvieron urgentemente a la central en Buenos Aires a hacerse cargo de otros asuntos que requerían su presencia, a pesar de la observación del gerente de RRHH quién les había advertido de la necesidad del coaching durante el primer tiempo de apertura del local.

Y, por supuesto, al segundo día la ley de Murphy ("si algo puede salir mal, saldrá mal") se aplicó con toda su crudeza: se cayó el sistema de facturación, la gerente entró en pánico debido a su poca experiencia, y decidió en comunicación con el gerente de locales, de no atender al público durante ese día. Al tercer día este gerente se tuvo que presentar en el local para solucionar el trastorno y quedarse durante las siguientes jornadas.

Entretanto a la asistente que oficiaba de hecho a cargo del otro local se le realizaron las evaluaciones necesarias y se decidió que estaba en condiciones, previa capacitación, de poder hacerse cargo efectivamente del local.

EVALUACIÓN DE LOS RESULTADOS DEL CASO

Pasado un plazo previsto desde la apertura para que el nuevo local se pudiera consolidar, se evaluó comparativamente el desempeño del personal con relación a las ventas obtenidas. Para ello se tomaron las ventas realizadas durante un lapso equivalente, evaluando por horas cuales habían sido las ventas y se llegaron a los siguientes y sorprendentes resultados:

Leg.	Ventas	horas Semanales	Puesta	Capacitación	prod. p/hora
387	556	24	asistente de ventas	no	23,17
491	453	52	gerente de local	no	8,71
492	233	24	asistente de ventas	no	9,71
636	297	24	asistente de ventas	no	12,38
660	864	24	asistente de ventas	no	36,00
923	1185	52	asistente de ventas	no	22,85
671	7360	52	asistente de ventas	capacitación	141,54
672	3861	24	asistente de ventas	capacitación	160,88
673	1294	52	gerente de local	capacitación	24,88
686	5384	52	asistente de ventas	on the job	103,54
689	5388	52	asistente de ventas	on the job	103,62

En este cuadro aparece identificado en la primera columna por el número de legajo cada una de las personas integrantes de los dos locales de Mar del Plata.

La segunda columna, ventas, se refiere a la cantidad total expresada en pesos en ventas realizadas durante el mismo período por cada participante.

La tercera columna, horas semanales, se refiere a la cantidad de horas desempeñadas efectivamente en una semana por cada persona.

La cuarta columna es el cargo de las personas del caso investigado. La quinta columna está referida a si tuvieron capacitación previa o no las participantes de la investigación.

En los dos últimos casos (686 y 689) se realizó un proceso de capacitación dada por la gerente del local nuevo que había participado de todo el proceso de inducción y formación y de una vendedora que se estaba preparando para el puesto de asistente de entrenamiento, y se las capacitó bajo la forma de "training on the job", aplicando todos los recursos vistos en los cursos en casa central y en las prácticas.

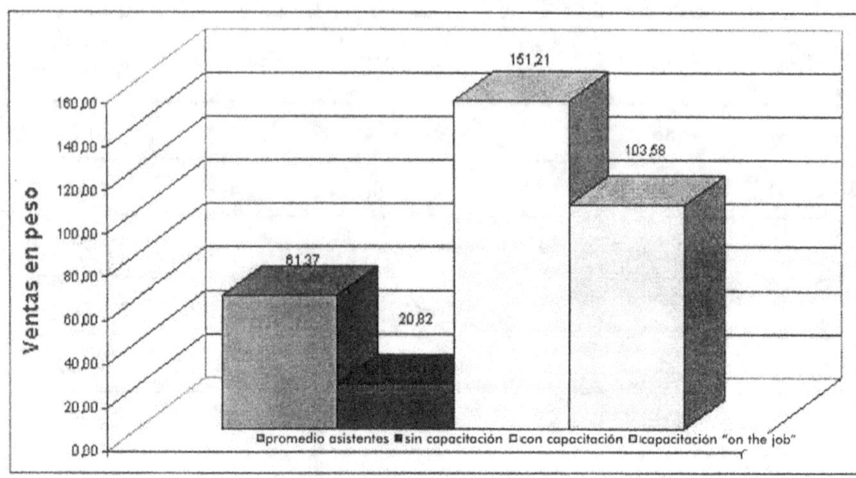

Comparación de desempeño:
personal sin capacitación vs. con capacitación

En este gráfico se compara el desempeño entre los dos grupos, diferenciando aquellas vendedoras que se capacitaron en un esquema de formación en actividades fuera del lugar del trabajo con actividades en lugar de trabajo, y quienes sólo hicieron esta última modalidad pero dada por gente que había participado en la modalidad anterior. No se incluyó a las gerentes, ya que estas por su actividad realizaban ventas excepcionalmente y solo cuando existía un incremento de actividades en aquellos momentos en que todas las asistentes de ventas se encontraban ocupadas.

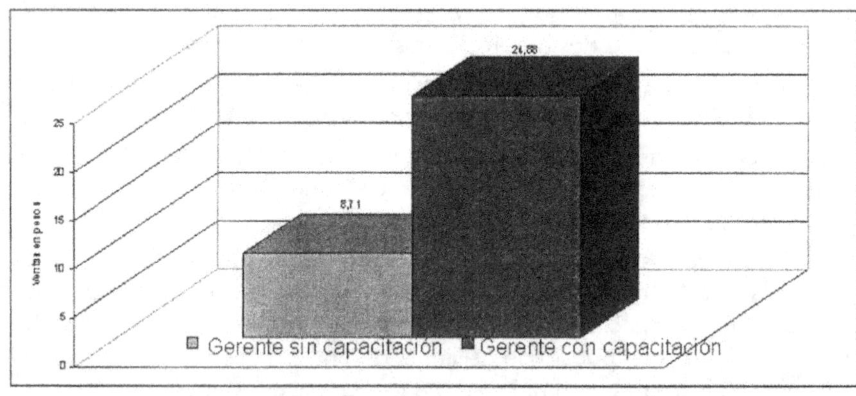

Comparación de desempeño en ventas
entre gerentes con capacitación vs. sin capacitación

Es interesante comparar cuál era el desempeño entre ambas gerentes, ya que en esos momentos "excepcionales" en los que tenían que salir a vender la duda es si la capacitación también marcaba alguna diferencia.

CONCLUSIONES

Se puede observar cómo el desempeño de las personas que sí participaron de la capacitación era sumamente superior, en un 6,12 veces más promedio. Si solo tomamos en cuenta a las que hicieron el proceso de capacitación completo se eleva al 7,26 veces más.

Se podría suponer que esta superioridad se debería a las diferencias entre locales, pero no es válida esta suposición, ya que al momento de esta evaluación estaban mezcladas las dotaciones originales, habiendo tanto gente capacitada en uno como en otro local.

Por otro lado no se notan diferencia en horas, ya que es indiferente la cantidad de horas trabajadas con respecto a la venta por hora, como se observa en el caso de las identificadas bajo los números 672 (con capacitación) y 387 (sin capacitación).

La gerente con capacitación vendía proporcionalmente más que la que no había recibido capacitación previa. La explicación sólo era atribuible a la formación recibida, que la hacía ser más efectiva en los momentos de ir al cliente, además de una actitud más proactiva hacia la atención, propia de lo que se había trabajado en la capacitación.

Se puede concluir en que la capacitación sí influye directamente sobre la mayor efectividad en las ventas, y además que esta capacitación no solo da las herramientas para poder realizar mayores ventas sino que también es diferenciadora en cuanto a la actitud a tomar frente al cliente.

CAPÍTULO 10

APLICACIÓN DEL CUADRO DE RESULTADOS AL CASO PRACTICO

APLICACIÓN DEL ESQUEMA DE ÁMBITOS AL CASO:

El cuadro integrador es de importancia a fin de que podamos verlo en funcionamiento y así observar toda su aplicabilidad. Para ello analizaré cada ámbito por separado utilizando los datos vistos en las páginas anteriores:

Ambito Previo o Precapacitación: Definimos que el tipo de empresa es nacional y por su dotación y facturación la podemos ubicar como mediana. Por el mercado en el que se desempeña es una empresa del estilo de libre competencia, o más apropiadamente, monopolio imperfecto, ya que si bien está en un mercado con numerosos competidores de características similares, los diseños son exclusivos y si un cliente deseara comprar una prenda de este diseño sólo lo podría hacer en uno de los locales de la Empresa, o contentarse con un producto sustituto (no igual) de la competencia.

Según se puntualizara en el capítulo referente a este tema, esto significa que la importancia de la capacitación como elemento diferenciador es MUY ALTA, ya que ante propuestas poco diferenciadas, la posibilidad de elegir comprar en este negocio y no en uno de la competencia dependerá ALTAMENTE de la capacidad y conocimientos del empleado a la hora de la verdad, es decir cuando deba atender al cliente. Los factores promocionales (publicidad, posicionamiento de la marca, ofertas, etc.) sólo serán un "empuje" atractivo para que el potencial cliente se acerque, pero la capacidad del empleado del local será determinante.

Con relación a los factores económicos, como ser el crecimiento previsto de la economía, en el caso analizado (año 2000) era moderada, siendo en realidad los indicadores económicos de decrecimiento del PBI. Esto implicó que el esfuerzo de capacitar pudiera compensar las pérdidas de ingresos que por razones exógenas a la compañía iban a ocurrir.

Los objetivos de crecimiento de la empresa eran muy altos, y quizás esto desvirtuara el resultado final ya que estaba seriamente cuestionado por el desempeño de la economía. Sin embargo, y esto es de destacar, en mercados tan atomizados como son los de monopolios imperfectos la diferenciación es la clave de poder obtener una mayor porción de mercado.

Los factores culturales/ demográficos eran determinantes en el tipo de oferta que realizaba la Empresa. En la localidad en la que se realizó el estudio encontramos que es una población con una fuerte presencia de locales de empresas del mismo sector, y paradojalmente, es una de las dos ciudades del país (la otra es San Carlos de Bariloche) donde hay más alta proporción de personas de edad adulta, que la eligen a la hora de retirarse como sucede en el caso de Miami en el Estado de Florida en los Estados Unidos. De haberse tenido mas en cuenta este factor, quizás no hubiera sido recomendable abrir un segundo local de la misma empresa en esta localidad.

La composición del personal de la empresa en cuanto a sexo era mayoritariamente femenina y su edad en el rango de los 20 a 30 años.

La distribución geográfica en este caso no era muy determinante, ya que se refiere a una sola localidad del país. La empresa tenía presencia en los principales centros habitacionales del país, con una gran cantidad de locales en el ámbito de la ciudad de Buenos Aires y sus alrededores.

El nivel educativo de los participantes en la capacitación lo podemos ubicar entre medio a alto. Todos los participantes poseían nivel secundario completo, y varios de ellos estaban realizando estudios terciarios o universitarios. Los contenidos de los cursos de entrenamiento debían adecuarse a este alto nivel de comprensión y capacidad de abstracción.

Detección de necesidades capacitación: estas necesidades fueron detectadas a través del análisis del negocio y de los conocimientos que evidenciaban los empleados. Se encontró que era altamente deficiente en conocimiento del producto, técnicas de atención y de ventas En sí, nunca habían tenido capacitación, salvo experiencias esporádicas, según se explicó más arriba.

Ámbito de Impacto: Se realizó una encuesta de evaluación de las actividades, obteniéndose un alto nivel de aceptación de las mismas por parte de los participantes.

Ámbito de Conocimientos: A través de la técnica de "role play" de procesos de ventas, si bien no se cuantificó, se encontró que el 100% de los participantes recordaban perfectamente los pasos de los procesos.

Ámbito de Aplicación a la Tarea: A posteriori de las actividades se realizó la auditoría de conocimientos, encontrándose que se habían mejorado significativamente en conocimiento de producto y en técnicas de ventas. Quedó pendiente la realización de evaluaciones en forma completa que pudieran dar cuenta de este ámbito de desempeño.

Ámbito de Resultados económicos: Se ha explicado previamente cuales fueron los resultados de los indicadores económicos elegidos, que evidenciaban una diferencia de ventas del orden de ventas diarias promedio de $ 151, 21 para los que habían participado de la capacitación comparando con los $ 20,82 de ventas diarias de quienes no habían participado, es decir 7,26 veces más de productividad. En el caso de decidirnos a utilizar el ROTI, con todas las precauciones que me he permitido realizar a este método, tendremos ya una base para poder calcular con un método objetivo el próximo período.

Contribución al saber colectivo: En este caso se realizó un estudio de este tipo, ya que es un ámbito que no era evaluado en ese momento (mediados del 2000). Sin embargo propongo para futuras mediciones tener en cuenta el conocimiento interáreas que se genera, el que ya era evidente porque a fin de poder realizar bien su trabajo, los empleados del área ventas debían poseer otros conocimientos, como ser de sistemas de la empresa, de su cultura e historia, y técnicos con respecto a composición de telas, procesos, teñidos, estampados, etc., que hacían de este ámbito un momento ideal de evaluación para lograr un resultado óptimo gracias al saber sistémico que tenía la empresa (es decir sus integrantes) de sí misma.

SINTESIS

Como vemos se volcarán todos estos resultados a la siguiente tabla a fin de lograr un cuadro integrador de todos los ámbitos en cuestión.

Ambito		Indicador						Resultado
Previo o Capacitación	Tipo de empresa:	Nacional x Multinacional Pequeña Mediana x Grande						Alta incidencia de la capacitación en los resultados
		Monopolio	Oligopolio	Desregulada	Monopolio imperfecto x		Libre competencia	
	Factores económicos	Crecimiento previsto de la economía: 0% Objetivos de crecimiento de la empresa: 20%						
	Factores culturales / demográficos	Composición del personal de la empresa:						
		Sexo: 90% femenino	Edad: 26 años promedio	Distribución geográfica: todo el país	nivel educativo: alto			
	Factores culturales / demográficos	Foco en técnicas de ventas y en conocimientos del producto						
	Evaluación previa	bajo nivel de conocimientos en ventas y en producto						

Impacto	Nombre Actividad	Mala	Regular	Buena	Muy Buena	Excelente	Resultado
	Técnicas de ventas			23%	44%	23%	(Estos porcentajes se ponen sólo a modo de ejemplo, sin ser los reales)
	Producto			33%	55%	12%	
	Técnicas de conducción				65%	35%	

Conocimientos	Actividad	Conocimientos logrados	Resultado
	Técnicas de ventas	El 100% de los capacitados domina la técnica	(Estos porcentajes se ponen sólo a modo de ejemplo, sin ser los reales) 90% de conocimiento de los temas vistos. (conviene realizar una evaluación a los 30-90 y 180 días para ver el nivel de retención)
	Producto	80% de conocimiento	
	Técnicas de conducción	90% de conocimiento	

Aplicación a la tarea	Perfiles	% de cumplimiento con perfil deseado	Resultado
	Perfil Actitudinal Afectivo	70%	(Estos porcentajes se ponen sólo a modo de ejemplo, sin ser los reales) Alto porcentaje de cumplimiento con el perfil deseado.
	Personalidad	90%	
	Habilidades de conducción / operativas	90%	
	Habilidades Gerenciales / de ejecución	90%	
	Perfil actitudinal Intelectual	90%	
	Perfil actitudinal Comercial	90%	
	Total	87%	

CAPÍTULO 11

CONCLUSIONES

Además de las conclusiones individuales de cada capítulo presentado, deseo realizar las conclusiones del libro, intentando dar una respuesta a las hipótesis planteadas en la introducción.

En un principio había pensado este libro como una demostración de la efectividad que la capacitación tiene en las organizaciones. Posteriormente, encontré este tema absolutamente ligado a un aspecto más amplio del proceso exclusivo de entrenamiento, por lo que me propuse relacionar las hipótesis del libro con el marketing, la economía, las ciencias sociales como fundamentales para determinar la evaluación del éxito de la capacitación.

La hipótesis primigenia consistía en que "la formación empresarial es un proceso educativo y psicológico complejo de adquisición, asimilación y acomodación de nuevos conocimientos para aumentar las competencias laborales medidas como respuesta a las necesidades de los clientes. Su efectividad es mensurable y existen diferentes técnicas para hacerlo.

En este punto considero que queda suficientemente demostrada la posibilidad de medición de la efectividad en capacitación según las diferentes técnicas y su aplicación concreta tal cual se constata en los casos que he presentado. Sin embargo es de destacar que cada tipo de medición de la efectividad en la capacitación adolece de ventajas y desventajas, por lo que se debe ser muy cuidadoso al momento de elegir el sistema más ventajoso de evaluación de las actividades realizadas.

Propongo que la evaluación más completa es cuando la realizamos en todos los ámbitos vistos, y que sólo se obtienen datos reales y contrastables cuando se utiliza el método hipotético deductivo o con grupo testigo, al que también he dado en llamar **"Medición del costo de oportunidad en capacitación"**.

En este caso se tiene bien en claro cuál ha sido la efectividad de la capacitación medida en términos de crecimiento de la facturación del negocio, independientemente de los resultados económicos positivos o negativos, sobre los cuales intervienen muchas otras variables ajenas a la capacitación. Sólo en este caso se puede aislar correctamente la variable capacitación y medirla independientemente.

Merece una mención especial el ámbito de aplicación a la tarea (evaluación del Nivel 3 en el esquema de Kirkpatrick), que es el de evaluación de desempeño. Este resulta especialmente aplicable cuando no hay elementos objetivos mensurables, cómo ser incremento de ventas o de facturación, y son muy útiles cuando se plantearon los resultados esperados de la capacitación en términos de cambio actitudinales.

De cualquier forma sostengo que se deben buscar los medios de cuantificar este cambio en resultados tangibles, a fin de demostrar también numéricamente los resultados de la capacitación. Considero que el esquema mostrado, llamado Método integral de evaluación, o método de la evaluación por ámbitos es más pertinente a las realidades de las organizaciones laborales, y evita la subjetividad del método llamado ROTI, expresado en el esquema de Kirkpatrick.

Por los casos presentados se evidencia, cuando se hace una evaluación completa de la capacitación, el impacto de ésta en el negocio. Se pudo observar que en el caso MacBody en aquellos que habían recibido capacitación, la productividad resultaba 7,26 veces superior a aquellos que no la habían recibido, mientras que en el caso Transbank se observaba a través del sistema ROTI que el costo de la no capacitación implicaba una disminución de U$S 1.991.657.- en las ganancias previstas. En este último caso, ya hemos visto que no es del todo transparente el análisis del retorno de la inversión, ya que previamente la misma empresa lo había supuesto en un 1% de los ingresos.

En el ejemplo presentado de la automotriz que había incrementado su capacitación mientras las demás la disminuían en un contexto recesivo (capítulo IV), se demostró que las ventas crecieron un 20% con relación la competencia. Aunque en términos generales su reducción con respecto al período anterior había sido de un 17%, la reducción del resto de la industria había llegado al 40%.

Si se demuestra que en las empresas objeto del estudio la efectividad ante las políticas de formación es constante, se podrá concluir que es fundamental para obtener resultados económicos, independientemente de su tamaño, lo que considero que queda sobradamente demostrado.

Por último se deben tener en consideración otros aspectos que influyen en la capacitación sin ser parte de ella: aspectos económicos, de mercado, sociales, políticos, etc., tendrán una alta injerencia sobre la formación empresarial, y conocer en qué medida actúan sobre mi negocio me llevarán a una mejor lectura de los resultados obtenidos y a una mejor preparación de los planes de capacitación. En todos los casos se demostró que la capacitación es un elemento diferenciador en la obtención de resultados en los negocios.

Me gustaría poder decir, como en los teoremas que nos obligaron a aprender en nuestra adolescencia, "y es lo que queríamos demostrar". Parece una discusión ridícula el seguir preguntándonos si la capacitación sirve, porqué y para qué. Sin embargo el ansia de réditos económicos y el indiscriminado recorte presupuestario, donde las empresas son "premiadas" por el mercado (medido en subas de acciones) cuando anuncia que echa a 10.000 personas en todo el mundo, nos hacen pensar que hasta lo aparentemente obvio es necesario de corroborar con nueva evidencia, de tanto en tanto. Y si en algo logré contribuir a que alguien se convenza de que en muchas circunstancias "es la capacitación" lo necesario, este libro habrá cumplido mínimamente con su propósito.

BIBLIOGRAFIA UTILIZADA:

- ABRAHAM, TOMÁS: *"La empresa de vivir"*. Ed. Sudamericana Buenos Aires, 2000.

- American Society for Training and Development: *"Evaluación de Programas de Capacitación"*. Síntesis y Traducción de F. Gadow y H.Herrero. Ficha ADCA 1998.

- APPLEGARTH, MICHAEL: *"Programas de capacitación, cómo desarrollar una auditoria"*. Legis Editores, 1992.

- ARIAS, MÓNICA: *"Desempleo y Políticas Laborales en la Argentina de los ´90"*, *"Incidencia de la Capacitación en la Reconversión Laboral"* PNUD, 1996.

- BENTLEY, TREVOR: *"Capacitación Empresarial"*. Mc Graw-Hill, Bogotá, Colombia, 1993.

- BERMÚDEZ, ISMAEL: *"Economía y Desempleo"* Diario Clarín, 15/12/96.

- BLAKE, OSCAR: *"Origen, Detección y Análisis de las Necesidades de Capacitación"*. Ed.Macchi, Buenos Aires, Argentina, 2000.

- BOUR, JUAN LUIS: *"El Mercado de Trabajo Argentino en los Años 90"*. Revista Idea Septiembre-Octubre 1995.

- BRODA, MIGUEL A.: *"Desocupación en la Argentina: Causas y Políticas disponibles para combatirla"*. 31° Coloquio Anual de Idea, 1995.

- CAIRO, H: *"Capacitación y resultados: lo no tan obvio en Capacitación y desarrollo"*. Ediciones DESA, 1998.

- DIGIER, AGUSTÍN: *"El Desempleo: ¿Un Problema Estructural?"*. Revista Idea

- ECHART, MARIA: *"Empleo y Educación"*. 31° Coloquio Anual De Idea, 1995.

- ECHEZARETA, CARLOS: *"El Desempleo en la perspectiva"*. Revista Idea Julio-Agosto 1995.

- Hay Group/SAP: Factbook Recursos Humanos. Ed.Aranzadi S.A., Elcano, Navarra, España, 2000.

- INDEC: Censo Nacional de Población y vivienda, 1991

- JAQUES, ELLIOT: *"La Organización Requerida"*. Ed. Granica. Buenos Aires, Argentina, 2000.

- KOTLER, P; ARMSTRONG, G: *"Fundamentos de Mercadotecnia"*. Cuarta

Edición. Prentice Hall, Hispanoamericana S.A., México, 1998.

- MERCAU, RAÚL: *"Proyecciones de desempleo: Argentina 1996-2010"* Fundación Andina , 1996.

- MONDINO, GUILLERMO: *"El Contexto Macroeconómico en el análisis del empleo"* 31° Coloquio Anual De Idea, 1995.

- MONTUSCHI, LUISA: *"El Empleo en la Argentina"*. Conicet, 1995.

- MOSTEIRO, ANDRÉS y otros: *"El retorno de la inversión en capacitación, dentro del marco de la nueva economía"*. Trabajo inédito presentado en Seminario de Investigación, Universidad del Salvador, Facultad de Ciencias de la Administración, Carrera de Recursos Humanos, 2001.

- PAIN, ABRAHAM: *"Capacitación Laboral"*. Ediciones Novedades Educativas, FFyL, UBA, 1996.

- Reporte C&D: *"Medición de Resultados de Capacitación"*. Publicación de Recursos Humanos, Cifras SRL, Buenos Aires, Argentina, 1999.

- SAMUELSON, P; NORDHAUS, W: *"Economía"*. Mc Graw-Hill, 16° Edición, Madrid, España, 1999.

- STOKOV, VLADIMIR: *"The economics of recurrent evaluation and training"*. Ed. International Labour Office, 1975.

Otras fuentes:

- Entrevistas personales.

- Páginas WWW: MacBody, Transbank.